JN224432

木村がホンネで語る

最新回収実務の肝

弁護士
木村真也
Kimura Shinya

一般社団法人**金融財政事情研究会**

はしがき

　世の中は、リーマンショックからアベノミクスの時代に入り、統計によれば、倒産事件件数は減少傾向が続いています。しかし、なお、倒産予備軍は多いといわれ続けており、自社の有する債権を、適時適切に回収することの重要性は、高い状況にあるといえます。一方、2020年4月からは、いわゆる改正債権法がいよいよ施行されるほか、民事執行法の改正もなされ、債権回収に関わる重要な最高裁判例その他の重要判例も、次々に登場しています。

　このような中、債権回収を担当される方々にとって、どのようにして効率的に回収の成果を上げることができるかについては、日頃尽きない悩みであると思います。私も、いくつもの回収案件を担当する中で、失敗しながら勉強に努めております。本書では、そのように現場で回収担当者の方々と一緒に走り回っている弁護士の立場から、回収のためにご留意いただきたい事項などを順次紹介していきたいと思います。また、私は、倒産した債務者など債務者側の立場で業務にあたることもあります。そのような立場からみてみると、債権回収の得手不得手の差が、よくみえることがあります。そのような点は、今後の債権回収業務の参考にしていただけると思います。本書では、そのような点にも意識をして、解説に努めました。

　さらに、必要に応じて、債権法改正の関連事項や、近時の重

要判例、民事執行法の改正などもかいつまんで説明を盛り込みました。いろいろな法制度が変わっていく中で、それを踏まえて債権回収実務がどのようにあるべきかについて、少しでもご提案できればと思います。もっとも、債権回収は、現場で汗をかき、債務者とぶつかり合う中で、体で覚えることが最も大切だと思います。ですから、本書は、あまり高尚な理屈や長々とした解説はできるだけ割愛して、債権回収の実務現場でお忙しくされている方々が、コーヒーブレイクの時に、気楽にひもといていただけるように、できるだけ、読みやすく、わかりやすいものを心がけました。

本書は、このような狙いのもとに「金融法務事情」において連載した記事をもとに、加筆、修正を加えたものです。金融法務事情の連載記事は、幸い、読者からも一定の反響をいただくことができ、本書の刊行にこぎつけることができたことは、筆者としては望外の幸せです。

本書は、筆者がこれまで経験してきた、数々の回収交渉案件、訴訟事件、保全事件や倒産事件、さらには各種研究会での報告など、そしてそれらの事件を通じていろいろなことを学ばせていただいたことに根差しております。ここに改めて、それらの関係者の皆さまに心よりお礼を申し上げたいと思います。

また、本書の制作にあたっては、㈱きんざい金融法務編集部の高橋仁さんに、金融法務事情の連載の頃に引き続いて、精力的にかつ辛抱強く叱咤激励していただきました。この場をお借

りして、深い感謝の意を表したいと思います。

2019年11月

木村総合法律事務所

弁護士　木村真也

木村真也（きむら・しんや）

1973年　大阪府生まれ
1997年　大阪大学法学部卒業
2000年　大阪弁護士会登録
2018年　木村総合法律事務所開設

現在、京都大学大学院法学研究科非常勤講師、大阪大学高等司法研究科招へい教授

これまでに、司法試験考査委員、倒産実務交流会幹事、司法委員会倒産法部会長、神戸大学大学院法学研究科講師、大阪市立大学法学研究科非常勤講師等を歴任

［主な取扱業務］

債権回収、事業再生、事業再編（M&A）、会社法務、商事取引、倒産、不動産取引、建築紛争、民事保全、民事一般、家事事件

［主著］

・「破産法104条3項等の規律は相殺に及ぶか―一部の代位弁済に基づく求償権を自働債権とする相殺の可否および具体的方法について」『民事手続の現代的使命―伊藤眞先生古稀祝賀論文集』（2015年2月、有斐閣）

・「他の倒産手続から更生手続への移行に関する事例分析と論

点検討」松下淳一＝事業再生研究機構編『新・更生計画の実務と理論』（2014年6月、共著・商事法務）

・「投資信託の販売金融機関による相殺の可否および商事留置権の成否」、「源泉徴収義務の破産管財人に対する適用方法と適用範囲」岡正晶ほか監修『倒産法の最新論点ソリューション』（2013年9月、弘文堂）

・「更生手続上の管財人の地位について－担保権者及び組成等の請求権者の権限と関係して」『田原睦夫先生古稀・最高裁判事退官記念論文集　現代民事法の実務と理論（下）』（2013年6月、金融財政事情研究会）

・園尾隆司＝小林秀之編『条解民事再生法［第3版］』（2013年4月、共著・弘文堂）

・「委託なき保証人の事後求償権と破産手続における相殺」（2013年7月、金融法務事情1974号32頁）

第 1 講　平素心掛けたい対応

第 **5** 講　保証人からの回収

第 6 講　訴訟、執行、保全手続での回収

第 7 講　私的整理手続での回収

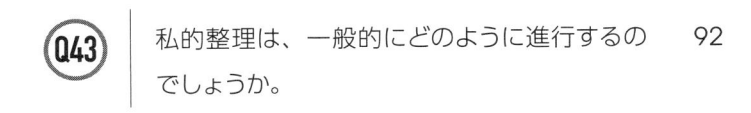

第 8 講　法的整理手続での回収

第9講 連絡が取れない先・資産のない先等からの回収

平素心掛けたい対応

債権回収を合理的に進めるためには、日頃からコツコツと手を抜かずに、粘り強く対応することが最も大切です。その熱意は、きっと相手方にも伝わり、「御社には何が何でもきちんと支払っておかないといけない」という意識で支払をしてもらえるようになるでしょう。そうすることで、訴訟、保全、執行、倒産といった、重い手続に入る前に、合理的に債権の回収を進めていくことができ、コストも時間も節約できます。また、なぜ現場へ行くことが大切なのか、なぜ情報を早くキャッチする必要があるのかなども考えてみましょう。

　また、合理的な回収を進めるために、弁護士との二人三脚は欠かせないと思います。そこで、弁護士とどのような段階でどのような相談をし、どのような関係を構築しておくのが、回収業務の効率化のために有益なのかなどについても考えてみたいと思います。

Q1 なぜ、日頃の対応が、債権回収の上で最も大切だといわれるのでしょうか。

A1 債権回収の成果の大部分は、日頃の対応の結果に左右されます。いざ回収困難となり、弁護士に相談に行った段階では、打つことのできる手は限られており、結果として、よい回収に結び付かないということもあります。そのため、日頃の対応をとくに大切にしていただくのが有益だと思います。

コメント

債権回収の成果は、対応の早さと早期回収であるかどうかに比例し、債権回収の手間とコストは、これに反比例します。なぜか。それは、1つは、早期回収を心掛けることにより、取ることのできる手段の選択肢が広がり、手間とコストの低い方法を選ぶことができるようになるからです。また、相手先の状況も、決定的に悪化する前であるため、多少のいわゆるリスケなどの方法により、スムーズに回収をすることができる余力が残っていることも多いからだと思います。大切なのは、このような余力のあるうちに、いち早く目を付けて、回収に努めて、相手先には、「おたくは、うるさいね。まずは、おたくの支払を何とかしないとね」と思ってもらうことが有益だと思います。間違っても、「後回しにしても、何とかなるな」とは思わ

れないようにしましょう。

Q2
回収困難な債権の回収の手続などを、知っておく意味は何ですか。結局、日頃の対応が重要ならば、回収困難な債権の回収方法を勉強する意味はあるのでしょうか。

A2
回収困難となったときに、何ができて、何ができないか、どのような点で苦労するかといった問題点を知っておくことで、その手前でどうしておけばよかったのか、ということがみえてきます。回収困難な事例を勉強材料にして、日頃の対応を変えることで、今後の回収が大いにはかどるということがたくさんあります。このような目線で、本書を読んでいただけると有益ではないかと思います。

コメント

実は、本書で、あれこれご説明することの目的はこの点にあるといっても過言ではありません。誤解を恐れずにいいますと、回収困難となった債権を、法律的な方法で、コストパフォーマンスをもって効率的に回収することは、ほとんどできないに等しいと思います。うまくいくケースは、超ラッキーで

す。時間もコストもかかるし、消滅時効の延長はできたけれど、財産も見当たらずに差押えをしても空振りで、「はい残念でした」という事例をいくつも目の当たりにしています。

　では、本書を読んでも仕方がないのか。いえいえ、そういうわけではないのです。上記のようないわば失敗事例は、勉強材料の宝庫なのです。そのコストは将来のための投資と思って、今後の回収対応の改善に役立てていただく価値が十分にあると思います。

Q3 債権回収のために、弁護士とはどのような付き合い方をするのがよいでしょうか。

A3　事案がいわば「生」の段階から相談を始めて、いろいろ議論をしながら進めていき、法的措置を取るときは一挙に進める、それらの教訓をまた平素の回収業務の改善に役立てるためのアドバイスをもらう、という感じが有効だと思います。

コメント

　債権回収の対応の重点を早期の段階に置いておくのと同じく、弁護士との相談のタイミングも、前倒しが有益だと思います。にっちもさっちもいかなくなる前に、いろいろな選択肢と

タイミング、シナリオを議論しながら、よりよい方向に進めていくというイメージです。

　実は、この心掛けは、弁護士泣かせという向きもあります。弁護士が脇役だからです。しかし、今の時代の弁護士は、裁判するほどトラブってからえらそうに高額の費用を請求して、結果、大した回収もできないようでは、クライアントの皆様から相手にしてもらえないと思います。むしろ、弁護士は黒子で脇役を務めつつ、よりコストパフォーマンスの高い回収方法をご提案できなければいけないでしょう。

　このような観点からは、弁護士との相談も、事案が生の段階からしておくのがよいと思います。完全にしこってしまう前に、柔らかい段階で、いろいろ相談をして意見交換をし、その中で広く選択肢を議論しながら、タイミングをはかって手を打っていくといった感じです。弁護士と協働していくことで、より早い段階で、より的確な回収行動が可能となります。弁護士としても、そのほうがありがたい面もあるのです。「ああ、もうすこし早くこうしておけばなあ」と思うこともありますし、また、何より、事案が生きているので、事案を通じて一緒に勉強をさせていただけるドキドキ感がたまらないのです。

Q4 日頃の債権回収の留意点として、どのようなことに気を付ければよいでしょうか。

A4　回収の確実性を高めるためには、担保の取得、取引保証金の確保、相殺機会の確保などがなされていれば、とても有効です。これらについては、次講以降に改めてご説明しますが、担保などを取ることまでは難しいことも多いでしょう。そのような中でも、可能かつ有益であると考えられるのが、相手先の与信状況のフォローをしつつ、不安な要素があれば、徐々に取引高を絞るなどして、万一の際の損失を小さくしておくことなどです。

　あらかじめ、取引先から担保を取っておいたり、取引保証金を預かっておいたりすることができれば、債権回収の確実性は格段に上がります。保証人を取っておくことも有益です。また、そこまでできないときにも、平時の取引のスキーム上、万一のときには相殺をすることができるように、債権債務の対立が生じるような方法も有効です。もっとも、担保といっても、不動産、在庫、売掛金等々いろいろなものがあり、法的形式も様々なので、第3講でご説明します。また、保証については、債権法改正により、重要な変更が目白押しです。その点のフォローについては第5講でご説明します。さらに、相殺については、これまた重要判例が連発しています。それを踏まえた取引の工夫ができないかなど興味深い点を第4講で改めて検討させていただきます。

　ここでは、それら以外の方法で、相手の信用状況を常時ウォッチして、「あれ？」と思うことがあれば、さりげなく取引を絞っていく、支払サイトを短くしてもらう、といった心掛けが大切であることをお話ししたいと思います。この段階では、回収担当の方へ案件が回ってくる以前で、営業の方などが対応されている時なのかもしれません。その意味では、回収担当の方は、常時、営業の方ともコミュニケーションをとって、上記のような目配りができるように配慮しておいていただくのがよろしいのではないかと思います。営業の方は、相手先とコミュニケーションをとる中で、新たなビジネスのチャンスをうかがうことはもとよりでしょうが、信用不安情報がないかどうかも頭の片隅に置いておくのがよろしいかと思います。

Q5 信用不安の兆候を早くつかむために、どのようなことをすればよいでしょうか。

　A5　相手方との取引の状況、業績の状況を常時フォローしておくことは当然ですが、社長や取引担当者との連絡はスムーズに進んでいるか、取引の内容や金額に違和感のある変動がないか、金融機関との取引についていわゆるリスケや私的整理のうわさはないか、手形のジャンプや取引先とのトラブルなどの情報がない

か、裁判をしている場合には信用に影響するような内容、状況ではないかなど、アンテナを広く張って、些細な情報でもいち早くキャッチできることが大切です。

コメント

　一言でいうと、嗅覚なのでしょうね。そんなことをいうと、「お前はそんなに鼻がいいのか？」と突っ込まれそうですが、決してそういうわけではありません。ただ、取引先の担当者、上司、社長等の言動はどうか、取引の内容や金額の動きはどうか、支払の状況はどうか、試算表で利益は出ているか、その数字に違和感はないか（粉飾の臭いはしないか）、（金融機関の場合）預金の動きに違和感はないか、事業承継、M&Aや経営の内紛のうわさなどはないか、業界での評価はどうか、裁判など係争中の事案があるときには、信用に影響するようなものではないか、私的整理の情報はないかなど、いろいろ目配りをして、アンテナを広げておくことが大切だと思います。

　訴訟事件が係属していることがわかっている場合には、裁判所に行けば、訴訟記録を誰でも閲覧することができますので、疑問があれば、裁判所で調査をすることも可能です。あらかじめ当該取引先から受けていた説明と訴訟記録の内容の整合性をチェックすることも含めて、重要な情報が取れる場合もあります。このように、こまめに粘り強く絡んでいくことが宝を掘り当てるきっかけになると思います。

Q6　債権回収業務について、どのような弁護士に相談するのがよいでしょうか。

A6　スピーディーで、フットワークがよく、かつ柔軟で、回収実務の経験があり、かつコストパフォーマンスのよい弁護士などがよいと思います。

コメント

　債権回収業務について弁護士に相談したいが、会社で普段相談している弁護士がいない、または、弁護士はいるが適しているのかどうか気になるということは意外に多いようです。私が、えらそうにいえることかどうかわかりませんが、私なりには、債権回収業務の相談をする弁護士として、次のような方がよいと思います。

　まず、連絡と対応がスピーディーであることです。債権回収は速さが勝負、タイミングがすべてということがままあります。その機を逸するようでは困ります。また、じっくり考え抜いて何か編み出すというよりは、その場その場でのタイムリーな動きの積み重ねが必要です。そのために、メールや携帯を含めてすぐに連絡が取れて、すぐに意見が聞けるという関係は大切だろうと思います。

　また、いつでも現場に駆け付ける、打ち合わせも適宜の場所

と方法で速やかに行える、法的手続もちゃちゃっとやってくれる、フットワークのよさも大切でしょう。さらに、債権回収は理屈だけではないので、会社の意向（ときには会社のプライドや業界の評判への配慮なども含みます）や、各段階での経済合理性の判断など、頭を柔らかくしてざっくばらんに議論ができること、そして、もとより保全、訴訟、執行、倒産を含めた回収の法的実務に精通して、そのノウハウをもって会社の立場からアドバイスしてくれること、そのようなコミュニケーションが違和感なくできることなどが重要でしょう。また、コストパフォーマンスも大切です。

　そして、弁護士に、こんなことを聞いたら怒られるかなとか、こんなことを相談したら費用が高くつくかなと、遠慮してしまうような関係よりも、何でも議論できるのがよいと思います。

　さらに、弁護士から、複数の選択肢を示され、それらのメリット、デメリットがわかりやすく説明されること、そして、「なるほど、そのような方法がいいですね」という説得力のある提案を積極的に受けることができるかどうかも大切だろうと思います。私自身も、このようなことを心掛けて、日々勉強中です。

現場が大切といわれますが、なぜですか。

A7 「現場に神宿る」と先輩から習いました。現場に行くことで、先方の中枢メンバーに会い、その会社の雰囲気に接して多くの情報を得ることができます。また、こちらの回収の熱意が伝わるメリットもあります。手間を惜しまず現場に足しげく通うことは、よい回収への近道だと思います。

コメント

　交渉や会議をする場合に、先方に出向いていただくこともあるでしょう。しかし、そのときは、先方は担当者だけが出てきたり、おめかしをしたよそ行きの態度で訪問したりすることを理解しておくのが大切だと思います。一度、試しに、その相手先の会社に行ってみてください。普段会えない会長、社長、専務などに直接お会いすれば、先方の雰囲気やキャラクターがよりよくつかめます。社長不在なら、なぜいないのか──営業回りか？　金策多忙か？　あるいはサボっているのか？　も気になります。先方内部の力関係、誰が実務を仕切っているのか、誰が資料を管理しているのか、誰が優柔不断なのかもつかめるかもしれません。社長室に派手な装飾品があったり、駐車場に超高級外車がとまっていたりしないかも、みておく価値があると思います。

また、足しげく通うことにより、こちらの回収の熱意も伝わります。「おたくは早めに払っとかないとね」と思ってもらうことにつながります。電話、メールの連絡と面談を使い分けるように、面談も、来訪してもらうか往訪するかも使い分ける価値は十分あると思います。

消滅時効の管理

債権回収を担当される方の留意点の1つとして、消滅時効の管理を挙げることができます。債権回収には時間がかかることがよくあるのですが、その間に対象債権が消滅時効にかかってしまっては大変です。そのため、対象債権の消滅時効の期間がいつから進行し、その時効期間はいつまでなのかを把握しておく必要があります。また、消滅時効の完成が近付いてきたときには、その完成を阻止（旧債権法上「時効中断」と呼ばれています）するために、何らかの措置を取る必要があるのではないか、その措置として何が適切か、などを検討する必要が生じます。

さらに今般の債権法改正により、消滅時効の期間や、その完成の阻止のための制度が大きく変更されました。そこで、消滅時効の管理の留意点についておさらいするとともに、債権法改正によりどのような点が変更され、そのことが実務上どのような対応につながるのか、といった点をお話ししたいと思います。

Q8 旧債権法下での消滅時効の期間の要点を説明してください。

A8 旧債権法下では、消滅時効期間については、商事債権は5年、その他の民事債権は原則として10年ですが、債権の種類により、1年ないし3年の短期消滅時効が定められているものがあります。また、債権を行使することができる時から時効が進行します。

コメント

　法律が改正された際には、どこが変わったのか、どう変わったのか、なぜ変わったのか、という点を押さえていくことが大切です。逆にいうと、それ以外の部分は従前のままの考え方でよいことになります。そのため、まずは、旧債権法の仕組みを正確に理解しておくことがとても大切です。改正の議論をしている中で、旧債権法の理解が深まるということも、よくあります。

　さて、本題ですが、①消滅時効期間と、②消滅時効の中断事由の2点がポイントです（②はQ9参照）。消滅時効期間については、上記のとおり、商事時効5年、民事時効10年に加えて、短期のもので、身近なものを意識しておきましょう。

　典型的には、商事時効5年の例として、銀行等（株式会社

等）の貸金等があります。民事時効10年の例として、信用金庫、信用組合の貸金などがあります。短期の例として、工事代金、医師の診療報酬は３年、売掛金、散髪代、弁護士報酬等は２年、運送料、宿泊代金、飲食代金、芸能人・プロ野球選手のギャラ等は１年の消滅時効が適用されます。なぜその期間なのかさっぱりわかりませんよね。ただし、上記のどの種類であれ、判決や裁判上の和解等により確定したときは、時効期間は10年となります。

　しかし、実際の取引形態はいろいろと複雑である場合があり、何年の消滅時効が適用されるかがよくわからないことも、ままあります。そんなときは、短期消滅時効が適用される可能性がありうることを念頭に、無難に管理するか、時効が争われた場合には裁判で論争する覚悟をすることになると思います。

　また、時効期間が短い場合には、今裁判をしても回収できるかどうかわからないけれど、判決を得ておけば、その後相手方の隠し財産が出てきたり、相手方が宝くじでも当てて大儲けをしたりした場合に、差押えをすることができるという淡い期待を胸に、早めに裁判をして判決を得て、あとはじっくり待つという作戦もあります。こうすれば、時効の管理の負担も軽減します。

Q9 旧債権法下で、消滅時効の進行を阻止する制度（時効中断）というのは、どのようなものですか。その事由（時効中断事由）には、どのようなものがありますか。

A9 旧債権法下での時効中断とは、一定の事由（時効中断事由）が生じた場合に、それまで進行していた時効期間をチャラにする（リセットする）もので、その後、もう一度初めから時効期間が進行するという仕組みです。旧債権法下では、債務の承認、催告、裁判等が時効中断事由に当たります。

コメント

　このあたりの制度は、**Q11**で触れる債権法改正で大きく変わりますので、注意してください。債権法改正で変わったのだから、もはや旧債権法をおさらいするのは「や～めた」と思われるかもしれませんが、それはよろしくありません。詳細は**Q13**で述べますが、今後は当面両方の制度を念頭に置きつつ、その対応を考えていくことが必要となりそうです。ちょっとつまらないかもしれませんが、だまされたと思って、鼻をつまんで、すこしだけ我慢して付き合ってくださいね。

　旧債権法下で、最も便利な時効中断事由は、債務の承認です。債務の支払について分割して支払ってもらう旨の申出や合

意が成立した場合には、その内容としてその債務を認めるとされていれば、債務の承認となって、それまで進行していた時効期間がチャラになります。仮に、弁済方法がまとまらなくても、とりあえず債務を負っていることは間違いないので認めますという申出を受ける場合も、債務の承認として時効が中断します。債務の承認は口頭でも法律上は有効ですが、中断後数年ないし10年にわたって重要な意味を持つので、しっかりと書面で証拠を残しておくことがとても大切です。

　もう１つ、お手軽なのが、催告（「払え！」と迫ること）による中断です。典型的には内容証明郵便での催告書を送付することで、中断となるものです。ただし、この方法は、ほかのしっかりした中断事由（債務の承認、裁判等）とは異なり、「ちょっと（だけ）待った！」という効果しかないことにご注意ください。つまり、内容証明郵便などで催告することにより、６カ月間だけ消滅時効が完成しないのですが、その期間内に、債務の承認や裁判等のしっかりした中断事由が生じなければ、「はい、残念。時効完成」となってしまいます。ですので、裁判をするけれど準備がちょっとだけ間に合わないので、その期間を確保するという使い方はできますが、催告だけを続けておけば何とかなると思ってしまうと、大きな誤解となります。

　そして、最も正式な時効中断事由は、裁判や保全処分などの法的手続です。裁判等をすると、（当り前のことですが）その決着までは消滅時効は成立しません。ただし、裁判等をした場

合にも、当該権利自体とは違う別の請求権を裁判の対象に据えていた場合や、当該請求権の一部だけを裁判等の対象としたような場合には、時効中断の効果が裁判等の対象部分だけに限定されてしまうといった判例もありますので、提起する裁判等の内容をどのように組み立てるかということも、よく考えておかなくてはいけません。また、悲しいことに、裁判や保全処分にミスがあって門前払い（不適法として却下）されてしまった場合には、裁判等としての時効中断効は生じないのですが、門前払いになってから6カ月以内に、もう一度ちゃんとした裁判等をすることで、時効中断の効果が確保できるという判例もあります（「裁判上の催告」といわれます）。

Q10 債権法改正により、時効期間はどのように変わりましたか。

A10 債権法改正により、以下のようになりました。①消滅時効の起算点が、客観的起算点（権利を行使することができる時からスタート）と、主観的起算点（債権者がそのことを知った時からスタート）の2種類に分かれました。②主観的起算点から5年、客観的起算点から10年が時効期間となりました。③商事時効、短期消滅時効はなくなりました。

コメント

　ここまで読んでいただくと、「何じゃこりゃ？」といいたく なりますよね。でも、法律が改正されるときはよくあることで す。慣れ親しんだ時効期間の起算点や期間についての制度を、 ごっそり変えてしまうとは、忙しい現場としては、また仕事が 増える、迷惑な話だと思われるかもしれません。実は、私もそ んな感じを持たないではありません。しかし、これは、頭脳明 晰な方々が熱心に議論して作られた合理的な制度だといわれて いまして、法律になった以上、実務現場としても、文句をいわ ずに一生懸命勉強をして、それを武器にしていくしかないので す。

　それはともかく、起算点が主観的起算点と客観的起算点の 2 種類に分かれて、それぞれ期間が違うことを押さえておきま しょう。ただし、貸金、リース料、売掛金等の場合には、弁済 期を債権者側が知らないということは普通はないので、ほとん どのケースで主観的起算点＝客観的起算点となりましょう。そ の意味では、主観的起算点から 5 年の時効期間を念頭に時効管 理をしていくことが中心となります。

　時効期間については、主観的起算点から 5 年、客観的起算点 から10年に統一されて、商事時効や短期消滅時効等の入り組ん だ制度がなくなった点は、とても明快になりました。これから は、短期消滅時効で思わぬ落とし穴にはまるのではないかとい う、旧債権法での不安感はなくなることになります。

A11 時効中断という制度に代えて、時効期間の完成猶予および更新という制度が設けられました。制度の整理の仕方自体が旧債権法と異なるため、少しわかりにくいように感じるかもしれませんが、実質的に旧債権法と変わったところは、そんなに多くはありません。

コメント

　ここでは、旧債権法の「中断」の制度を一度忘れ、新債権法の「完成猶予」と「更新」の意味を理解していただき、その上で、「中断」と比較してみると、大部分は同じだな（ちょっとだけ違うな）という結論になるという感じで理解を進めていただくのがわかりやすいように思います。

　まず、「完成猶予」は、時効の完成が猶予されることです。完成猶予となったからといって、時効期間がリセットになるとは限りません。次に、「更新」は、時効期間のカウントをリセットすることです。したがって、「完成猶予」だけの場合と、「完成猶予」＋「更新」の場合があり、後者は完全にリセットされますが、前者は時効の完成が猶予されるということです。その意味では、「完成猶予」と「更新」は言葉の意味に

近い内容となっているといえます。そして、「完成猶予」＋「更新」が、旧債権法上の「中断」と、大体同じ意味になります。

　そして、「完成猶予」の事由として、保全処分や催告、協議を行う旨の合意（詳しくは**Q12**で説明します）が挙げられています。「更新」事由として、債務の承認があります。さらに、「完成猶予」＋「更新」事由として、裁判、差押えなどが挙げられています。このように多くの場合は「完成猶予」＋「更新」なので、ほとんど「中断」という感じですね。他方、「完成猶予」だけのものとしては、旧債権法上は、**Q9**のとおり判例上のルールとして、裁判上の催告などがありましたが、これに相当することが明文化されたものとなります。結果として、旧債権法と新債権法で、大体同じ結論になるということになります。

　実は、旧債権法と異なるところも少々ありますが、細かいことは省いて、「協議を行う旨の合意による時効の完成猶予」という新しい制度を**Q12**で紹介します。

Q12

「協議を行う旨の合意による時効の完成猶予」という制度はどのようなものですか。

A12

交渉は長引くが、その間消滅時効の進行を止めておくために、「話し合いましょう」ということを書面で合意する制度ですが、現場でどのくらい使えそうか、ご意見をお聞きしてみたいです。

コメント

　債権回収の交渉をしていても、消滅時効期間は、原則として中断しませんので、交渉が長引く場合には、時効の管理に注意が必要です。旧債権法上の対応としては、支払方法の協議を続けるとしても、差し当たり債権額についての確認を書面等で行い、債務の承認の証拠を残しておくことが考えられます。しかし、債権があるかないか自体でもめているような場合には、このような方法を取ることも難しいでしょう。新債権法でも、もちろん旧債権法と同様に債務の承認により更新をすることもできますが、新たに、「協議を行う旨の合意による時効の完成猶予」という制度が導入されました。これは、双方で、「話し合いましょう」と書面で約束をしたときは、例えば1年間は原則として時効が完成しませんという仕組みです。もっとも、もめているときに、相手の時効が成立しないように、「話し合いましょう」と約束をするようなことが、現実にそれほど頻繁にあるのかはよくわからず、結局その合意が取れずに時間切れすれすれに、裁判を起こして滑り込みセーフなんてことにもなりそうな感じがします。

Q13

消滅時効に関する債権法改正のルールはいつから適用されますか。また、実務上の留意点を説明してください。

A13

新債権法の施行時期は、2020年4月1日ですが、改正内容に応じて新しいルールが適用され始める基準がいろいろと分かれています。消滅時効については、大まかにいえば、2020年4月1日後に生じた請求権に適用されます。

> コメント

　債権法改正の議論をする場合、改正の内容もさることながら、どの部分がいつから新債権法適用に変わるのかという点が、実務的には大いに問題となります。改正の内容自体については、現在次々に解説書が出ており、法制審議会のメンバーなどによる、信頼性の高い書籍も出てきています。他方で、どの部分がいつから施行されるかという点に関する「附則」と呼ばれるルールについての解説は少ないのが実情です。ところが、この点が実務上とても重要な意味があるので、あちこちで問題となりそうです。1つの事案について、新債権法と旧債権法の適用が混じるようなこともありうるので、注意しなければなりません。新債権法の消滅時効のルールの多くは、上記のとおり、2020年4月1日後に生じた請求権に適用されます。しか

し、**Q12**で説明した「協議を行う旨の合意による時効の完成猶予」という制度は、協議をするとの合意が上記の時期以降である場合に適用されます。このように、ある日突然一斉に新債権法適用に変わるのではなく、いろいろなルールごとに適用時期がちょいちょい違うので、うっかり間違ってしまわないように、注意が必要です。

第 **3** 講

担保からの回収

債権回収のクライマックスの1つである、担保からの回収について考えます。担保をうまく取って、それにより回収することで、回収の成果が、大きく上がることはよくあることです。

　もっとも、一口に担保といっても、不動産の抵当権、動産の譲渡担保、債権の譲渡担保など、いろいろな種類があります。そして、机の上で、「担保を取りましょう」というのはやさしいですが、なかなか現実に有効な担保を確保することはとても難しいですよね。そのような制約の中で得られた担保は、大切に扱い、最も有効な回収に結び付くように対応をしていくことが大切です。担保の種類により、日頃の取扱いや回収上の留意点も異なりますので、それを意識して対応にあたりましょう。

　また、担保の種類に応じた実務的なメリット、デメリットを意識できれば、与信段階での担保の取り方についての参考としていただけるように営業の方へお願いすることもできますね。

Q14

相手先の事業所の不動産に（根）抵当権を有している場合、回収に際して、どのような対応を取るのがよいでしょうか。

A14

（根）抵当権の実行としての競売をすることが考えられますが、収益物件であれば、賃料の差押えなども考えましょう。

コメント

まず「（根）抵当権」というわかりにくい書き方をしていますので、このことをご説明しておきます。1つの請求権を担保するのが「抵当権」で、一定の上限内で多数の請求権を担保できるのが「根抵当権」です。

さて本題ですが、（根）抵当権をお持ちでしたら、回収方法の本命は、競売です。ただし、競売は裁判所に申し立てなければならず、競売の費用として、物件の規模によりますが、数十万円から百万円程度は費用がかかってしまいます。この費用は、物件が売れたときには優先的に返ってきますが、売れなければ盗人に追い銭になってしまいます。10カ月ないし1年で売れるケースも相応にあるようです。

なお、担保の順位が第2順位以下の場合には、費用をかけて競売を申し立てても、裁判所が調査して、「競売しても第2順位には届かないでしょう」といわれてしまうと、競売が取り消

されるという制度がありますので要注意です。ただし、このような第2順位の担保に意味がないかというと、そうではありません。不動産の価値が大きく上がったり、第1順位の残高が減少したりして、うまく第2順位に回ってくることもあります。また、そうでなくても、任意売却がなされるときには、判子代をもらえる場合もあるので、めげずに第2順位の担保を取っておく価値がある場合もあります。

このほか、物件にテナントが入っていて、賃料収入があるような場合には、その賃料を差し押さえるなどして回収することもできます。賃料から回収をする方法としては、差し押さえて直接回収する方法のほか、裁判所に管理人を選任してもらって回収してもらう収益執行という手続もあります。前者のほうが、コストが安いですが、回収の手間がかかります。収益執行の場合、回収した賃料から管理人の報酬が引かれますが、回収と分配を管理人がやってくれますので、楽です。テナントの数が多くて自社で回収することが難しいようなときは収益執行を検討するのもよいでしょう。競売をやりながら、売れるまでの期間の賃料からも回収するということもできます。直ちに競売を進めずに、しばらく賃料からじわじわ回収をする場合もあります。

Q15 相手先の工場の機械を所有権留保や譲渡担保に取っている場合の手続を教えてください。

A15
相手先の承諾を得て機械を引き揚げて転売して回収できます。引揚げに応じない場合には、引揚げを求める裁判を起こすことが考えられます。

コメント

　所有権留保と譲渡担保という言葉も、わかりにくいと思いますので、まず、違いをご説明します。例えば、私が機械を相手先に売る場合に、その代金をきちんともらうために、「代金をもらうまでは、機械の所有権は私の手元に残っていますよ。お宅の持ち物ではないですよ」という約束をしておくのが所有権留保です。リース会社さんが、割賦販売取引をされる場合も、多くの場合これに当たります。

　これに対して、相手先がもともと持っている機械について、「私の売掛金や貸金の回収のために担保にください」というときは、その機械を私に「譲渡（売ること）」してもらった形で担保に取るというのが、譲渡担保です。ややこしいですが、どちらにせよ、売掛金や貸金が不払いになったら、物を引き揚げて転売するなどし、その転売代金から回収するという点では、同じようなものです。さらに、リース会社さんのリース契約

も、大体似たようなところです。

　これらの担保は、日頃の管理として、機械がちゃんと所定の場所にあるか、売られたり捨てられたりしてないか、壊れて無価値になってないか等をフォローしておくことが大切です。「この機械はうちのものですよ」という表示を機械に貼っておくのもいいでしょう。設定契約書でうたっておくことも大切です。いざ回収しようとしたら、残念ながら機械が行方不明だったり、他人に売られていたりして、その他人が自分のものだといっているようなことが、よくあります。

　そして、売掛金や貸金が不払いになったら、一目散に先に行って、「あの機械ありますよね。引き揚げさせてください」と相手先に交渉をして、承諾をもらえたらラッキーで、即引き揚げて転売してしまえます。ところが、この期に及んで了解が得られない場合も結構ありますので、そのときは、弁護士に頼んで、仮処分や訴訟といった裁判所の手続で、機械の現状維持の命令をもらったり、引き揚げたりすることになります。

Q16 相手先の在庫一式や売掛金を担保に取っている場合の留意点を教えてください。

A16

劇薬ですので、伝家の宝刀抜くべからずにて、交渉しながらうまく回収につなげていくのがよろしいかと思います。

これは、「集合動産譲渡担保、集合債権譲渡担保」などと呼ばれますが、劇薬ですので、お取扱いにご注意です。実行の方法としては、在庫一式を引き揚げて売ってしまう、売掛金を取り立ててしまうということができるのですが、もしこれをやってしまうと、相手先はギブアップしてしまわないでしょうか。そうなると、在庫は倒産品、売掛金もクレームまみれということになって、価値が大幅に下がってしまうかもしれません。そうならないために、相手先をつぶしてしまわない程度に粘り強く交渉してじわじわ回収するほうが、トータルとしては回収額が多くなる場合もあります。事業再生に協力しつつ、その収益の一部から回収するというウィン・ウィンを目指すという感じでしょうか。

つまり、直ちに担保実行をするのではなく、相手先に担保実行を待ってあげる代わりに、「月々○○円払ってください」と交渉をして、回収していくという感じです。相手先としても、この交渉をむげに断わると、担保実行されてしまって一巻の終わりですので、できるだけ頑張って払おうと交渉に応じてくることが考えられるのです。

ところで、この種の場合には、ほかに譲渡担保、所有権留

保、商事留置権などの権利が交錯している場合もあり、うっかり担保実行をしたことで他社の権利を侵害したとして損害賠償が認められたケースもあります。他の権利者が絡んでいないかということへの目配りや、それらの権利者との交渉もお忘れなく。

あと、この種の担保も日頃のメンテナンスが大切で、在庫や売掛金の残高が、きちんと確保されているか、在庫が所定の場所にあるかなどフォローしておきましょう。そうしないと、いざ実行しようと思ったら、倉庫が空っぽ、売掛金も回収済みということになってしまうと、空振りになってしまいますので。

もっとも、譲渡担保についても、物上代位という仕組みを認めた判例もありますので、譲渡担保や所有権留保の対象物件が転売されて売掛金に変わってしまった場合も、その売掛金を差し押さえて回収することを検討してみる価値はあります。

Q17 譲渡禁止特約付債権も、担保に取れるようになったと聞いたのですが、そうなのでしょうか。

A17 債権法改正により、これまでの譲渡禁止特約は、「譲渡制限の意思表示」（譲渡制限特約）と呼ばれ、そのような特約のある債権の譲渡・担保設定も有効となりました。ただし、相手先（譲

渡債権の債務者）の保護のためにいろいろ複雑な制度が設けられましたので、実行の際には留意が必要です。

これまでは、譲渡禁止特約付債権は、その特約を容易に知りえたのに、それに反して担保設定しても無効になるとされていました。担保に取るには、相手先の同意を得る必要がありました。しかし、債権の担保化などを妨げないように、債権法改正により、譲渡制限特約付債権も担保に取ることができるようになります。

ただし、譲り受けた債権を担保実行として取り立てようとしても、相手先は、①供託したり、②（担保権者が悪意・重過失の場合には）債務者（譲渡人）に支払って、逃げ切ったりすることもできます。

もっとも、相手先が債務不履行をしているときは、担保権者が直接取立をすることができます。また、担保権者が金融機関の場合には、相手先が債務者に直接支払ってしまう場合に備えて、担保権者である金融機関における債務者名義の口座への振込を指定しておくなどして、回収の確実性を高めることが考えられます。対象債権を代わりに受け取る合意（代理受領）も考えられます。

どの程度使いやすい制度になるかは未知数ですが、譲渡制限特約付債権であり、またはそうかもしれないとしても、臆せず担保に取ってみるということでどうでしょうか。

Q18
相手先から担保設定を受けることができなかったのですが、何とかならないでしょうか。

A18
担保設定を受けなくても、法律上担保が成立するというお得な制度がいくつかありますので、あきらめるのはまだ早いです。相手先の預り品の商事留置権や、相手先に売った物品の動産売買先取特権などがあります。

コメント

　実際の取引は、担保設定を受けることができる場合ばかりではないと思います。そのような場合にも、法律上当然に成立する法定担保物権というものを使えないか考えてみましょう。

　例えば、倉庫業者さんや運送屋さんは、仕事の中で、相手先の在庫品、商品、運送品等を預かっています。このような場合に、倉庫代金、運送代金が不払いになったならば、それらを払わない限り、相手先から預かった在庫品そのほかのものを返しませんよ、といえます。これを「商事留置権」といいます。この場合、相手先は、その在庫品を倉庫から出さないと商売ができない、運送してもらえないとお客さんに叱られる、と困ってしまうので、仕方なくお金をかき集めて払ってくれるという場合があります。

　それから、相手先に物品を販売したが、その代金が不払いに

なってしまった場合には、その販売した物品に対して動産売買先取特権という優先権が認められます。そのため、裁判所に申し立てて、その物品を差し押さえて競売をして回収するということができます。

　また、その物品が既にほかに転売されてしまっていた場合にも、相手先が転売した代金債権を持っていれば、その代金債権を差し押さえて回収することもできます。これを「物上代位」といいます。とくに、直接転売先に物品を納めているような場合には、その物品がどこにあるか、誰に転売されたか、転売代金債権は払われていないかなどの情報がわかることがあります。そんなときは、大急ぎで裁判所の命令で転売代金を差し押さえてもらうといった方法が考えられます。

Q19 担保を取っていれば、相手方が倒産しても心配はないのでしょうか。

A19　多くの倒産手続では、担保は保護されるので、相手先が倒産したことによって直ちに担保がパーになることはありませんが、あれこれ制約が生じることがあり、担保価値が下がらないかなどの留意は必要です。

コメント

　倒産手続にもいくつか種類がありますが、破産手続、再生手続などでは、担保権は、「別除権」というへんてこな呼び名で、原則として倒産手続の制約を受けずに自由に行使できるということになっています。他方、大企業向けの更生手続という手続では、「更生担保権」というこれまたへんてこな呼び名で、担保実行が禁止されてしまうという制約があります。多くの倒産のケースは、破産手続や再生手続なので、それらを念頭に置いて「別除権」の扱いを説明します。

　基本は上記のとおりですが、相手先が破産すると破産管財人が登場して、「不動産を任意売却させてください。任意売却できたときには、売却代金の５％程度を破産財団にください」といってくることがよくあります。任意売却で高く売れることが見込めらそれでよいですが、この５％程度のお得感を検討することになります。昨今は、競売でも結構高く売れることが見込まれるため、破産管財人に５％を渡すことなく競売を実行する場合や、破産前に破産者のもとで任意売却される場合もあります。

　また、相手先が再生手続に入った場合、相手先が仕事を続けるのに絶対必要な担保だという認定がなされると、裁判所の評価したお金をもらって担保を抹消しなさいという命令が出ることがまれにあります。さらに、裁判所から、担保の実行をしばらく待ちなさいという命令が出ることもあります。

相手先が倒産したことにより、担保価値が目減りしてしまうことがないかも要注意です。とくに在庫や売掛金のような、いわば生ものを担保に取っている場合には、そのようなおそれもありますので、相手先が倒産しないうちに回収したほうがお得な場合もあるかもしれません。

　さらに、商事留置権は、相手方が破産したときは先取特権として扱われたり、一定のお金を支払って消滅させるといった特殊な制度があったり、重要判例もたくさんあるので、とても複雑です。

　以上に対して、更生手続の場合には、担保は、実行が禁止される代わりに、更生計画で優先弁済を受けるという仕組みになりますので、担保権の評価がいくらかという点について、管財人と熾烈な交渉をするといったことがよくあります。

第 **4** 講

相殺による回収

いよいよ相殺による回収を扱います。相殺は、最もお手軽で、かつ、強力な最終手段ですので、十分に活用する必要があります。相殺を利用できるならば、回収コストをかけずに、まるで担保権者のように、他の債権者に優先して回収することができるので、回収の成果が一挙に上がるでしょう。

　　また、近時は、そのような有効な回収手段である相殺を少しでも広く使おうとする工夫がいろいろみられます。さらには、そのような工夫された相殺の方法による回収が認められる場合と認められない場合について、重要な最高裁判例なども続出しております。そこで、それらの判例のエッセンスを踏まえた上で、相殺による回収を組み立てていく必要があります。

　　さらには、債権法改正でも相殺について重要な点があります。それらについてもフォローしつつ、相殺による回収の作戦を組み立てていきましょう。

Q20 相殺による回収が強力だといわれるのは、なぜですか。

A20 相殺は、担保類似の強力で優先的な回収手段なのですが、担保設定行為のような特別な行為が必要ではなく、また、対抗要件も求められない上、実行は通知だけでできるなど、とてもお手軽です。それなのに、場合によっては、担保以上に強力に優先性を確保されるので、とても強力な回収手段であることに疑いはありません。

コメント

　相殺は、担保とよく比較されますが、担保の場合には、通常、設定契約を締結することが必要であり、かつ、その対抗要件の具備のために担保権設定の登記を要するなど、設定には手間暇、コストがかかります。また、担保はいざ実行する際には、例えば、不動産の抵当権であれば、**Q14**で扱いましたように、競売の申立てをすることが原則的な方法ですが、そのためには裁判所に何十万円もの費用を納める必要があります。それに対して、相殺は、設定契約も対抗要件も必要がない上に、実行は通常、内容証明郵便などによる相殺通知だけで完了します。その意味で、相殺は、とても強力な回収手段であることに疑いはありません。

最も典型的な相殺の事例について教えてください。

 金融機関であれば、貸金債権の回収をするために、預金と相殺をする場面が最も典型的です。事業会社であれば、相手先と売り買いがある場合に、売掛金の回収のために買掛金との相殺をするという場面が典型的でしょう。

コメント

金銭債権などの債権債務の対立があり、自己の債権の弁済期が到来するなどしていれば、相殺通知をすることで債権債務を対当額で消滅させることができます。

金融機関の場合、貸金債権については、取引約定書などで相手方に不履行などがあった場合などには一括返済を求めることができるといった期限の利益喪失約款が通常付されていますので、それにより自己の債権の弁済期を到来させることができます。相殺対象の預金は、普通預金、定期預金、別段預金等、種類を問いません。出資金についても、要件を充たせば脱退して返還債務とした上で相殺することができます。

事業会社の場合、取引基本契約を定めていないと、相手方が倒産しても直ちに弁済期を到来させることができず、すぐに相殺することができない場合がありますので、留意が必要です。

取引約定書に期限の利益喪失約款を入れておくことが望ましいでしょう。相手先との売り買いがあるケースで、相手の信用不安情報があるようなときには、できるだけ売掛けを絞って、買掛けの範囲に収めておけば、いざというときには相殺で回収できるということになります。

Q22 新債権法で差押えと相殺の制度が変わると聞きましたが、どのようになるのでしょうか。

A22 相殺の範囲を広げる方向での改正がなされていますので、相殺がパワーアップしたということもできます。ただし、どの範囲で相殺が広がったのかについては、解釈上の争いの余地があります。

コメント

　差押えをした場合に、差押債権の相手方が「相殺をするから払わない」と争うことができるかという問題が、差押えと相殺の問題です。例えば、A社がB社に対する債権を回収するために、B社の御行への預金を差し押さえたとします。順当に行けば、A社は差押債権者として、B社の預金を取り立てることができます。しかし、預金を預かっている御行が、「うちもB社

に貸金の未収があるので、その貸金と預金を相殺しますから、おたくには預金を払いません」といえるか、という問題です。このような御行の相殺は原則として保護され、その場合、差押えが空振りになります。差押対象債権が御社に対する売掛金である場合も同様です。Ａ社がＢ社の御社に対する売掛金を差し押さえてきたとしても、御社がＢ社に反対の売掛金などを有していれば、相殺して支払を回避できます。こうすることにより、貸金や売掛金を他の債権者に先立って回収することができます。

新債権法では、このような相殺の範囲をもう１歩広げる改正がなされましたので、相殺が一層パワーアップしました。簡単にいうと、旧債権法では、預金に当たる反対債権（受働債権）は差押えの時点で取得していることが必要ですが、新債権法511条２項では、「差押え後に取得した債権が差押え前の原因に基づいて生じたものであるとき」でもよいことになりました。一体これに何が含まれるかは、大いに議論されています。

これに当たる典型例といわれているのが、委託を受けた保証人の事後求償権です。すなわち、御行（御社）はＢ社に対して預金債務（買掛金債務）を負担しているとします。他方で、Ｂ社のＡ社に対する債務についてＢ社の委託を受けて連帯保証をしている場合です。その状況で、Ｂ社に対して債権を有するＣ社が、Ｂ社の御行（御社）に対する預金（売掛金）を差し押さえたとします。Ｃ社は、御行（御社）に対して「その預金（売掛金）について支払をしてください」といって取り立ててきま

す。それに対して、御行（御社）はどのような反論ができるでしょうか。御行（御社）は、Ａ社に対する保証債務の履行も後日求められることが想定されるので、その場合にはＢ社に対して求償権を有することになります。その回収のために、御行（御社）は、Ｂ社に対する求償権と預金（買掛金）との相殺をしたいところです。このような相殺については、新債権法のもとでは許容されると解されています。なかなか複雑な事案ですが、上記のような事例以外でも、さらに活用できないかを検討していく必要があります。

Q23 債権譲渡と相殺についても新債権法で相殺の範囲が広がると聞きましたが、そうなのでしょうか。

A23 そのとおりです。新債権法469条２項では、２つの点で相殺の範囲が拡張されており、１つ目は差押えと相殺の問題と同様に「対抗要件具備時より前の原因に基づいて生じた債権」による相殺が許されることです。２つ目は、「譲受人の取得した債権の発生原因である契約に基づいて生じた債権」による相殺も許されるということです。

コメント

　債権譲渡がなされた場合に、譲渡された債権の債務者が、譲
渡人に対する債権をもって相殺をするから払わないと争うこと
ができるかという問題が、債権譲渡と相殺の問題です。Ｂ社が
Ａ社の御社に対する債権を譲り受けて御社に「払ってくださ
い」といったところ、御社は、「うちもＡ社に反対債権を持っ
ているので、それと相殺しますから、おたくには払いません」
といえるか、という問題です。このような相殺も基本的には許
されます。

　さらに、そこでいう反対債権の範囲が、新債権法で拡張され
ました。差押えと相殺の規律と同様の「対抗要件具備時より前
の原因に基づいて生じた債権」のほかに、「譲受人の取得した
債権の発生原因である契約に基づいて生じた債権」が加わりま
した。とても複雑で、頭が爆発しそうになります。

　具体的には以下のような例です。御社はＢ社と継続的に売り
買いの取引をされているとします。その売掛金と買掛金につい
ては相殺により回収できることが期待されることは上記のとお
りです。ところで、Ｂ社が、御社に対する将来の売掛金をＡ社
に譲渡したとします。譲渡された後も御社とＢ社の売り買いが
継続した後、Ａ社が御社に「Ｂ社から譲り受けた売掛金を払っ
てください」と請求をしてきたとします。これに対して、御社
は、Ｂ社に対する売掛金をもって相殺をすることができるか、
という問題です。この点、債権譲渡がなされた後の取引により

A社に対する売掛金が発生しているのですが、新債権法のもとでは、このような相殺も許容されることとなったわけです。その意味で、売り買いがなされている取引については、仮に相手先に債権譲渡や譲渡担保の設定があっても、相殺できるから安心ということになります。

Q24　三者間で相殺をすることは許されるのでしょうか。

 民法で定められているいわゆる法定相殺は二者間のものですが、三者間の債権債務について相殺により消滅させることを三者間で合意して行うことなどは許されます。ただし、その関係者の一部が倒産したような場合には、そのような相殺が認められない場合もあります。最近の最高裁判例で三者間相殺を否定した例がありますが、どのような場合ならば、三者間相殺が倒産手続上も有効かは議論がされています。そのあたりを加味して、日頃の取引スキームを構築しておくことが有益だろうと思います。

コメント

　三者間相殺というのは、例えば、A社がB社に100万円の債

権を持ち、Ｂ社がＣ社に100万円の債権を持っているときに、これらをそれぞれ消滅させるといった相殺です。少しイレギュラーですが、Ａ社とＣ社が親子会社のような場合には、Ｂ社としては「あとはＡ社とＣ社の間で精算しといてください」ということで相殺をしたくなることがあります。Ａ社がメーカーで、Ｂ社がこれを仕入れて加工した上で、Ａ社の関係会社かつ販売会社であるＣ社に販売しているような取引をイメージしていただくと、わかりやすいと思います。Ａ社としても、Ｂ社に対する売掛金については、Ｂ社のＣ社に対する売掛金と相殺して回収できるから安心といえればいいですね。このような相殺も、例えば、三者間の合意をしておいて相殺をすることは可能です。

　ところで、Ｂ社が倒産してしまったときにはどうなるでしょうか。Ｂ社は、Ｃ社に対して「売掛金100万円を払ってください」と請求するのに対して、Ｃ社は、「Ａ社のＢ社に対する売掛金との相殺ができるから払いません」と争えるかということが問題となります。もともとの三者の取扱いからするとそのようにするのが順当にもみえますが、Ｂ社が倒産してしまうと、Ｂ社がＣ社から売掛金を回収してＢ社の債権者に分配したいというニーズと、Ａ社のＢ社に対する債権の回収のために、Ｂ社のＣ社に対する債権を相殺したいというニーズが、シビアにぶつかり合うのです。

　そのようなこともあり、最近の最高裁判例では、一方当事者が倒産した事案で三者間相殺の効力を否定したものがあります

（最二小判平28.7.8民集70巻 6 号1611頁・金法2057号54頁）。し
かし、この事案は、やや特殊な事案であったこともあり、三者
間相殺が倒産手続でも認められる場合があるという見解も有力
です。どのような場合なら三者間相殺が倒産手続でも認められ
るのかについては、大いに議論されていますが、例えば、上記
で触れたような複数のグループ会社が関与した商取引が背景に
ある場合には、相殺期待が合理的であるといえるという意見も
ありますので、そのような相殺を主張することを想定して、取
引約定書等を作り込んでおくことがお勧めかと思います。

Q25 投資信託を窓口販売した金融機関は貸金の回収の ために、投資信託解約金との相殺はできますか。

A25 投資信託解約金との相殺は可能ですが、顧客の倒産手続開始後や倒産直前に解約をした場合には、相殺は倒産法上許されませんので、それ以前に解約して相殺をすることが大切です。

コメント

　金融機関が窓口で投資信託を販売した場合、その金融機関は
投資信託自体の当事者ではないものの、窓口となって、投資信

託のお金のやり取りを行うといった処理がなされることが多い
と思います。そのような場合には、いわば、金融機関は投資信
託を「預かっている」ような感じでもありますので、同じ顧客
に対する貸金の回収が滞った場合には、その投資信託から回収
をしたいというニーズが生まれます。

　投資信託からの回収についても、議論がたくさんあります
が、１つの方法が、顧客の投資信託を解約して、解約金が御行
に入金された段階で、その返還債務と顧客に対する貸金債権を
相殺するという方法です。このような回収方法は、一般的には
可能ですが、顧客の倒産手続開始後や倒産直前の場合でもこの
ような回収方法が許されるかについては、最高裁判例で否定さ
れました（最一小判平26．6．5民集68巻5号462頁・金法2005
号144頁）。したがって、上記のような回収をする場合には、顧
客が倒産直前となってしまう前に速やかに解約して解約金を受
け取って相殺をするということが必要です。なかなか難しいか
もしれませんが。

Q26 相手方が倒産した場合には、相殺は制限されるの でしょうか。

$A26$ 相手方について、法的倒産手続が開始しても、倒産手続開始前に債権債務の対立があれば、原則として相殺は認められます。ただし、倒産直前などに駆け込みで債権債務の対立が作り上げられたような場合には、相殺が禁止されてしまうなどの制約もあります。また、再生手続等の再建型倒産手続では、相殺をすることができる時期的な制限もありますので、相殺通知忘れになってしまわないように留意が必要です。

コメント

平常時に債権債務の対立があれば、その当事者は、「うちは相殺で回収できるから安心だ」と思うでしょう。これを「相殺期待」と呼びますが、このような相殺期待は、相手方が倒産したときにも保護される必要がありますので、倒産手続の中でも、原則として相殺は有効です。担保権を拘束する会社更生法のもとでも、相殺は原則として制限されていないので、その意味でも相殺は強力な回収手段なのです。

ただし、「駆け込み相殺はだめ」というルールがあります。つまり、倒産直前など実質的危機時期などに、無理矢理、債権債務の対立を作ったような場合には、倒産手続の中で相殺が無効とされてしまいます。これが相殺禁止です。例えば、債務を負っている相手先の重要な信用不安情報をキャッチした場合に、その相手先に対する回収困難債権を買い集めて相殺で逃げ切ろうとしても、だめということになります。

　また、再生手続、更生手続といった再建型倒産手続では、スピーディーに手続が進みますので、相殺をすることができるのは、開始決定から 1 〜 2 カ月と指定される債権届出期間内といった制限があります。相手先に債務があるから相殺できるので安心だとほったらかしにしていると、相殺通知忘れとなって、相殺ができないという大損害となる場合がありますので、留意が必要です。

保証人からの回収

保証人からの回収についての問題を取り上げます。保証人については、近時規制が厳しくなってきており、法律以外でも経営者保証ガイドラインにも目配りしておく必要があります。保証人が自ら借り入れたわけでもないのに、多額の保証債務を負担して、財産を失うといった気の毒な事態を防ごうという動きがあるのです。

さらには、債権法改正で保証債務の取扱いが一層厳しくなるので、それらをフォローしておく必要があります。そして、主債務者からの回収が困難であっても、保証人からの回収が可能であるという場合も相応にありますので、保証人からの合理的な回収の方法について検討しておくことも大切です。

また、回収したのちに、保証人との間で定期的にコミュニケーションをとっていくことや、時効の管理も怠らないなど、保証債務成立から回収行動に至るまでの期間においても、対応に留意することが大切であると思います。

旧債権法のもとで、保証人になってもらう場合に、どのようなことに気を付けなければならないでしょうか。

A27 保証は徐々に規制が強まっており、また、「自分は保証書に署名・捺印していない。自分の名前で勝手に保証書が作成された」などと後日、保証人から主張されることもありますので、それらの点に留意する必要があります。

コメント

旧債権法上の保証についての規制や留意事項として、以下のようなものがあります。

まず、保証は書面（または電磁的記録）でしなければ効力を生じません。口約束では保証はできないということです。

さらに、一般的に、保証人が、主債務の保証をすることについて、きちんと理解をして、法的保証責任を負うことについて同意をすること（保証意思）を確認することが重要です。間違っても、主債務者の関係者などが保証人になりすまして、署名などをしてしまうことのないように、留意する必要があります。保証人は取引の相手方ではないだけに、「主債務のことがわかっていなかった。保証するつもりはなかった、自分は署名していない」というクレームが後から起こることがめずらしく

ないのです。それを防ぐために、保証をしてもらうに際しては、保証人本人と面談をして本人確認書類の提示を受け、主債務の内容や弁済期などについてきちんと説明をし、その保証責任を負うことについて理解をしてもらった上で、面前で、署名・捺印をしてもらうのが適切でしょう。捺印は、実印を押印していただき、最新の印鑑登録証明書の原本の提出を受けておくのがよろしいかと思います。さらに、貸金等債務に関する根保証契約の場合、事前に極度額を決めて書面等を作成する必要があります。元本の確定日を決めるときは5年以内でなければならず、確定日を決めなければ3年で確定します。

　なお、法律ではありませんが、経営者保証ガイドラインというルールができており、金融機関等が融資する際には、主債務者の法人と個人が明確に分離されている場合などに、経営者の個人保証を求めないことなどが推奨されています。

Q28 債権法改正で、保証に関するルールが変わると聞きましたが、どのように変わりますか。

A28 事業のために負担した貸金等債務についての保証、根保証については、公正証書の作成が求められるなどとても厳しい規制がなされることとなりました。保証人が、主債務者

の経営者等かどうかで規制が違いますので、それらを分けて説明します。

事業のために負担した貸金等債務（その求償権を含む）についての保証、根保証についても、保証人が主債務者の経営者等の場合には、公正証書の作成は求められません。この公正証書の規制を受けない保証人とは、具体的には、主債務者が法人の場合には、①取締役や、②議決権の過半数以上を有する株主などです。主債務者が個人の場合には、主債務者が行う事業に現に従事している主債務者の配偶者、または、主債務者と共同して事業を行う者であることが求められます。法人の経営者の保証を取る場合には、商業登記簿で保証人が主債務者の取締役であることを確認したり、株主名簿で保証人が主債務者の大株主であることを確認したりすることが必要となるわけです。個人の場合、保証人が主債務者である社長の配偶者だとしても、共同経営をしているか、事業に現に従事していることの確認が必要となります。どのような資料でその事実を確認するのか難しいですが、配偶者であることを戸籍などで確認し、共同経営者あるいは事業従事者であることを社員名簿、源泉徴収票などで確認することが考えられましょう。

上記のような経営者等に保証人が該当しない場合には、保証について公正証書を作成する際に、公証人の面前で保証人の保証意思を確認することなどが求められます。公正証書は、保証

契約締結の日前 1 カ月以内に作成することが必要です。これは手間と費用という意味でかなりの負担です。もともと、主債務者との間で公正証書の作成を予定しているような事案では、併せて保証人についても公正証書を作成し、さらには、強制執行に服する旨の執行認諾文言も入れておくといった対応も考えられましょう。

　さらに、主債務者は、事業のために負担する債務に関する保証、根保証を保証人に委託するに際して、保証人に財産および収支の状況、他の債務とその履行状況、他の保証人などの情報を提供しなければならず、それが適切になされていない場合（債権者がそのことを知りえた場合）には、保証を取り消すことができることとなりました。債権者としては、保証を取るに際して、主債務者がこのような情報提供を適切にしたかどうかをフォローしなくてはならないこととなります。

Q29 経営者保証ガイドラインによる保証債務の整理というのはどのような手続でしょうか。

A29 経営者保証ガイドラインの 7 項で、保証債務の整理についての定めがあり、金融債務を主債務とする私的整理（ないし法的整理）などがなされている場合などに、経営者の保

証債務について、破産手続によらずに合理的に整理する旨の
手順が定められています。

　経営者保証ガイドラインによれば、金融債務を主債務として
整理をする場合に、経営者の保証について、破産手続によらず
に、財産状況を誠実に開示して、その財産の一部を残し、残部
を弁済に充てるなどの方法で、なお残る保証債務を免除すると
いった処理がなされうることとなっています。債務者として
は、一定の要件のもとに、破産手続の自由財産として手元に残
すことができる資産以上の額の資産を手元に残すことが許さ
れ、かつ、破産手続を取ることを回避できるといったメリット
があります。そのため、経営者保証ガイドラインが、早期の事
業再生等のためのインセンティブとなることが期待されていま
す。主債務について私的整理がなされ、保証債務について経営
者保証ガイドラインの手続が取られるような場合には、金融債
権者のみが手続の対象とされることが通常で、取引債権者には
そのような手続が取られていることすら情報が与えられないこ
ともありえます。取引先について経営者保証ガイドラインの手
続が取られているといううわさを、取引債権者が耳にした場
合、金融債権者との間で上記のような協議がされていることを
知るきっかけとなるでしょう。

保証債務の成立から回収までの間に気を付ける点を教えてください。

A30 債権者として、保証人からの回収を現実に考えるのは、主債務者からの支払が滞ってから、しかも主債務者からの回収が困難となってからという方も多いと思いますが、その時まで保証人をほったらかしにしておいて突如請求をすると、保証人から、各種のクレームがなされることがあります。そのため、保証人について、日頃のメンテナンスも必要と思われます。

コメント

　債務者からきちんと支払がなされている限り、保証人からの回収を考える必要はないですね。そのため、主債務者と長らく取引をしていても、主債務者に不履行がなければ、保証人と連絡を取ることもないまま、長い年月が経過することがあります。その後、主債務者が不履行を起こし、そこからの回収も容易ではないという事態が生じたときに、保証人からの回収を考えるというのが現実の展開として多いかもしれません。

　しかし、保証人の立場になって考えると、長らく何の音沙汰もなく、保証のことなどすっかり忘れていたところに、突如請求が届くということになります。これでは、保証人としても、

気持ちよく支払おうということにはなりにくいですね。また、そもそも保証書が偽造されたものであり、自分は保証をしていないなどといった反論が、この段階で初めて出されるということもあります。もっとも、その段階では、保証を取った時点の担当者も異動していて、資料も散逸してしまうなどして、保証意思を確認したことの立証に手間取ることがあります。このような展開は、債権回収の上では望ましいとはいえません。

　そこで、保証人には定期的に連絡を取ることも考えられないでしょうか。**Q27**で説明したとおり保証契約の当時に、きちんと保証意思を確認しておくことは当然ですが、その後も、主債務者の債務不履行の有無にかかわらず、保証人に主債務の残高を通知するなどして、保証をしていることを意識しておいてもらうという感じです。もし、保証について身に覚えがないならば、その段階でその旨の主張が出てしかるべきです。また、いざというときは保証責任を果たさなければならないという意識を改めて持っておいていただくという意味もあります。

保証債務の回収の法的手続として、どのような手続がありますか。

A31 内容証明郵便等で保証債務の支払を求めてみて、支払がなされなければ、訴訟提起をすることが考えられます。さらに、資産の保全の必要がある場合には、仮差押え等の保全処分を利用することもあります。

コメント

　保証債務も立派な法律上の債務ですので、その支払を求めて内容証明郵便等で催告したり、訴訟で請求したりすることはもちろん考えられます。このような請求をしたところ、保証人から、「主債務者に資産があるはずだからそちらから回収してほしい。ほかに保証人がいるからそちらから回収してほしい」といった反論がなされることもありますが、実務上利用されている「連帯保証」という保証では、このような反論は法律的には認められません。主債務者の資力いかんにかかわらず、保証人に支払を求めることはできます。さらに、保証債務履行請求を認める判決を得た上で、保証人の預金調査をしたり、保証人の預金や給料、不動産などの資産を差し押さえたりすることも可能です。

　また、保証人が担保余力のある自宅不動産その他の資産を有

している場合で、保証債務の支払を求める訴訟などをしている間に、離婚して配偶者に財産分与をしたり、担保設定をしたりなどしてしまうのではないかと懸念されることもあります。そのような場合には、その自宅不動産について仮差押命令を受けて、その処分を禁止しておくことも考えられます。これらの手続は、基本的には主債務者に対して催告、訴訟、仮差押えなどをするのと同様であるといえます。ただし、保証債務について仮差押えをする場合には、主債務者に資産が十分になくて保証人の資産を確保しなければ回収が難しいといった事情の疎明が求められることが多いのです。

Q32 保証人の資産調査はどのようにして行えばよいでしょうか。

A32 保証人に限らず、主債務者を含めて、資産調査をどのようにするかは、悩ましい課題ですが、保証に際して、保証人の勤務先の情報を得ておく、自宅の登記簿を取ってみる、判決等の債務名義を得て預金調査をすることなどが考えられます。

コメント

　保証人から回収をしようとする際、保証人の財産状況をどのようにして把握するかが重要な課題となります。まずは、保証契約に際して、保証人の勤務先の情報や所有資産の内容の開示を受けておくことが重要な方法です。いざ保証債務を回収する時までには、かなり時間が経って古い情報になってしまっていることはあるにせよ、保証人から任意に財産開示を受けるチャンスは保証契約時以降はないでしょうから、大切なのです。あとは、保証債務の回収を要する段階で、事前に得ていた情報をベースに不動産の登記事項を確認するなどして情報を更新しましょう。さらに、判決等の債務名義を得れば、弁護士法23条の２の照会の方法を取ることにより、大手金融機関をはじめとして全店舗での預金の有無などを調査できる実務が広がっています。そのほか、民事執行法の改正により、債務者に財産の開示を命ずる財産開示制度について、従来実効性が弱かった点が幾分改善されましたので、利用してみるのもよいかもしれません。また、裁判所の命令により、金融機関、登記所、市町村および年金機構等に相手先の財産に関する情報を取得する制度が新設されましたので、どの程度有用か、注目されるところです。

Q33 保証債務の時効の管理はどのようにしたらよいでしょうか。

A33 主債務者に対して生じた時効中断（債権法改正後は、時効の完成猶予および更新）が、保証人に対しても及びます。

コメント

Q11でご紹介したとおり、時効の完成を妨げる制度は、債権法改正により変更され、従来は、「時効中断」という制度だったものが、「時効の完成猶予および更新」と変わります。いずれにしても、主債務者について生じたこれらの事由は保証債務についても効力を及ぼします。そのため、主債務の時効を管理しておけば、保証債務の時効の管理を特別に気にかける必要はあまりないともいえます。

しかし、Q30のとおり、時効にかからない限り保証人と接触しないということでは、合理的な回収に結び付かないということがありますので、時効管理とは別に、保証人とのコミュニケーションは重視する必要があると思います。

第 **6** 講

訴訟、執行、保全
手続での回収

法的手続による回収の代表的な方法である訴訟、執行、保全について、検討します。これらの手続は、時間や費用がかかり不便な点もありますが、まずはどのようなことができるのか、どのような点で不便なのかを正確に理解しましょう。次に、手続上の問題点を踏まえて、訴訟を提起する前に回収を済ませることがいかに重要かを認識し、その方法を検討することも重要です。さらに、訴訟、執行、保全を、有効に活用するために工夫することや、執行については改正動向をフォローすることも、回収に役立つかもしれません。

　また、訴訟を提起するかどうかを決める際や、訴訟の中で和解を検討する際などにも、訴訟を進めていくことで、どの程度回収に結び付くのか、そのために要する期間と費用がどの程度になるのか予想するべきです。このように訴訟のメリットとデメリットを比較検討するためにも、各手続の全体像をイメージすることが大切です。

Q34
訴訟、執行、保全の各手続を使う典型的な事例を紹介してください。

A34 御行が1000万円を融資していたところ、相手が融資3年目で債務不履行になってしまったので、期限の利益を喪失させたものの、なお返済がなされない場合が典型的な事例です。そのような事例で、保証人である社長の自宅などがあれば、それが処分されてしまわないよう現状維持のために仮差押えをしておいて（保全手続）、貸金の返還と保証債務の履行を求める訴訟を提起した上で（訴訟手続）、その判決を受けて、自宅について競売の申立てをしたり、相手の財産を差し押さえたりする（執行手続）といったことが考えられます。

コメント

　訴訟手続などがどこまで役に立って、どういうときに役に立たないかを考える上で、まず、典型的な事例を押さえておきましょう。上記の事例では、相手が債務不履行になった後に、社長の自宅が妙な高利貸しなどに売られたり、担保提供されたりするのは困るので、まず保全手続でそれらを禁止しておくことが考えられます。というのも、その後の訴訟手続は、どうしても数カ月程度はかかりますので、その間、資産がほったらかし

にならないようにするために、急ぎ数週間程度で保全手続（裁判所の保全処分と仮差押えなどの保全執行）をかけることがあります。

　続いて、訴訟手続ですが、典型的な貸金等回収の場合で、争点がほとんどないとしても、第1回口頭弁論まで1カ月くらいかかります。その段階で相手は形式答弁（後日実質答弁するとの内容の形式的な答弁）で1回期日をパスできるので、やむなくさらに1カ月後に第2回口頭弁論となり、そこで相手の答弁がようやく出てくることがよくあります。そこから和解交渉などしていると、さらに1カ月くらいかかることも多いです。これだけで3カ月くらいはあっという間に過ぎます。何ともじれったいですね。

　判決を受けて、ようやく相手が物件返還や支払に応じてくれればよいですが、そうでもなければ、強制執行をすることになります。社長の自宅については、裁判所に強制競売の申立てをして、裁判所が入札方式で売りに出すことになります。売れるまでに10カ月くらいかかることはよくあります。そのほかに預金の差押えなどをすることもできますが、この段階ではほとんど預金は残っていなかったり、貸金と相殺されてしまっていたりして、なかなか回収の効果がない場合も多いです。

Q35 訴訟、執行、保全の各手続はどう使い分けるのでしょうか。

A35
権利があるかどうかを決めてもらうのが訴訟で、訴訟などで確認された権利を実行するのが執行です。訴訟＋執行がメインストリートですが、それでは間に合わない場合に緊急で使う保全がショートカットです。

コメント

　貸金がある先から回収を実行するためには、国の権力で相手の財産を差し押さえること（強制執行）が重要です。しかし、強制執行をするためには、御行が貸金債権を持っていることが間違いないという切符（「債務名義」と呼ばれます）が必要です。その切符をもらうために、御行の権利を審理してもらうのが、訴訟手続ということになります。訴訟手続で裁判所が結論を出すと判決をもらえることになり、これが強制執行のための切符（債務名義）となるわけです。

　このような手順はいかにもまどろっこしいですよね。そのために、事前に金銭の返還の約束や強制執行に直ちに服する旨を公正証書でうたっていれば、その公正証書が切符（債務名義）となって、訴訟、判決をすっ飛ばして、いきなり強制執行をすることができるという仕組みもあります。強制執行をしなくて

はならない可能性が高い場合には、このような方法を取っておくことは有益です。ただし、公正証書を作成するのは、費用も手間もかかります。

　上記のような公正証書の切符がない場合には、執行のためにまず訴訟を提起する必要がありますが、**Q34**のとおり、訴訟には最低数カ月の期間がかかります。もし、社長が保証契約の有効性を争っているなど難しい争点があるような場合には、訴訟を提起してから判決までに数年かかることもめずらしくはありません。

　そのようなときに、社長の自宅に余剰価値があることがわかったとすると、それをほったらかしにしておくのは、何とも危なっかしいですね。資金繰りが厳しく、相手が高利貸しからお金を借りて、社長の自宅に担保設定がされてしまうと、御行が回収をする上で支障となってしまいます。そのような事態を防ぐために、社長の自宅について担保設定や処分を禁止する命令を急ぎ裁判所からもらっておくのが保全処分です。保全処分は、早ければ、申立てをしてから数日から１週間程度で決定が出て、さらに数日から１週間程度でその執行が完了するといったことも可能です。こうして、現状維持をして、安心してゆっくり訴訟で戦えるわけです。訴訟手続の場合、相手方の反論の機会がしっかり確保される手続保障という理念が重視されているので、時間がかかるのですが、保全手続はこれをショートカットして、原則として相手の反論を聞かずに裁判所がとりあえずの判断をしてくれるという仕組みなので、早いのです。

訴訟手続にはどのような種類がありますか。それ
ぞれどの程度の時間や費用がかかりますか。

A36

訴訟手続の種類としては、貸金請求、
リース料請求、売掛請求やそれらの保
証債務履行請求といったものが典型的
です。それ以外の回収訴訟として、取締役の責任追及の訴え
なども活用することが考えられます。前者の典型的な訴訟
は、証拠がしっかりあり、争点が少なければ、数カ月単位で
決着することが多く、弁護士費用も抑えやすいでしょう。他
方、後者は調査や主張、立証にかなりエネルギーを要します
ので、判決までに数年単位となることが多く、かつ、弁護士
費用もある程度かかることがあります。

> **コメント**

前者の訴訟手続は、弁護士にとってはそれほど難しい仕事で
はありませんので、継続的に事件がありそうであれば、弁護士
費用を値切ってみるのも方法かもしれません。ただし、弁護士
が油断して（サボって）処理が遅れてしまうことのないよう
に、しっかり目を光らせましょう。

後者の訴訟手続は、例えば、保証人になっていない役員が、
相手方の会社の粉飾決算に関与しており、その粉飾決算書にだ
まされて御行が融資しまったような場合に、その役員に対し

て、会社法429条に基づいて損害賠償請求訴訟を提起するというものです。最近、取締役や監査役の責任が重視される傾向にあり、このような訴訟も増えています。上記のように粉飾決算に積極的に関与していた場合だけではなく、社長が粉飾決算をしていたのを止めなかった、あるいは見落とした他の取締役や監査役に損害賠償請求をするということも考えられます。取締役や監査役は、役員賠償責任保険に入っていたり、個人資産を持っていたりしますので、判決で勝てば回収が見込めるでしょう。それもあって、熾烈に争われることも多いです。もっとも、この種の訴訟は、前者の訴訟と比べると難しい裁判で、数年単位の期間がかかることがよくあります。前者のように弁護士に費用を値切るのはちょっと難しいかと思います。

Q37 訴訟手続はどのように進められるのでしょうか。

A37 訴状という書面を裁判所に提出して訴訟提起をします。裁判所がそれをチェックした上で、相手（被告）に送ります。1カ月くらい先に第1回口頭弁論という期日が決められて、そこまでに答弁を出しなさいと裁判所は相手に命じます。その後、1カ月に1回程度裁判の期日が開かれて、お互いの言い分を主張していきます。証拠書類もこの間に出していきま

す。それらが出揃ったら、争いのある部分について、証人に法廷で証言してもらいます（証人尋問）。その後、裁判所が判決として結論を出します。これらの審理の途中で和解交渉がなされて、和解で決着することも多いです。

訴訟手続は、大きく分けると言い分を整理する前半と証人尋問をする後半に分かれます。争点が少なければ、前半の部分も短く、後半はないということもあります。争点が多ければ、前半だけで数年かかることもあります。証拠の書類は前半で早めに出しておくことが望まれます。後半になってから重要な主張や証拠を出そうとすると、後出しだといって裁判所に怒られることがあります。

前半が終わる際や、後半を終えて判決前などに和解交渉をすることがよくあります。これらの段階で事案の全体像がみえてきたり、裁判所の心証が固まってきたりして、裁判所が和解のために当事者を説得することもあります。

こうして判決を得ても、不服があれば、2週間以内に高裁に控訴、さらには最高裁に上告（受理申立て）をして、争うこともできます。地裁、高裁、最高裁と最後まで行くと、全部で5年以上かかることもあります。気が遠くなりますね。

訴訟を進めるときには、事案の特性に応じて、どの程度勝ち目があるか、どの程度費用と時間がかかりそうか、どの程度回収が見込めるかを想定しながら、早期に和解をして決着をつけ

るほうがいいか検討することが大切です。

執行手続にはどのような種類がありますか。また、近時の改正の動向はどのようなものですか。

A38 執行手続は、不動産競売、動産執行、預金などの債権の差押えなどがあります。財産開示という手続もありますが、使い勝手が悪いです。そして、執行手続の強化のために、改正がなされました。

> コメント

　まず、不動産を差し押さえて売りに出す手続が、「不動産競売」と呼ばれるものです。競売手続の費用として、事前に数十万円から100万円程度を納める必要があり、物件が売れるまでに10カ月から1年程度かかることがよくあります。上記の費用は、物件が売れたら優先的に回収できます。

　次に、建設機械、工作機械、在庫品などの動産を差し押さえる手続が動産執行で、執行官に申し立てて、現場で動産を差し押さえて売却してもらい、その売却代金から回収するといった手続です。

　そのほか、相手が預金や売掛金などの債権を持っている場合

には、裁判所にその差押えの命令をもらって取り立てることもできます。ただし、預金の場合、差押命令の申立ての際に、どの金融機関のどの支店の預金かを特定する必要がありますので、これがわからないときは、あてずっぽうで相手の本店や住所近くの支店で差押えをしてみることもあります。近年は、判決などを持っていれば、弁護士法23条の2の照会の方法で、金融機関に預金のある支店を調査して回答してもらえることもありますので、その方法により預金の在りかをつかんで差し押さえることもあります。

　ところで、そもそも、相手方の財産がどこにあるのかわからない、どこかに隠されているのではないか疑われるということもよくあります。そこで相手に財産がどこにあるのか答えなさいと要求するのが財産開示という手続です。しかし、この手続を利用しても、相手が無視して回答をしないこともあり、ペナルティーも軽いので、使い勝手がよくないです。

　上記のような状況で、執行手続も帯に短し、たすきに長しというところもあるのですが、現在より使いやすくするための改正がなされました。具体的には、従来実効性が乏しいといわれていた財産開示手続について、実効性の確保のため、相手方が財産開示をしない場合のペナルティーが加重されるなどしました。また、裁判所の命令により、金融機関、登記所、市町村および年金機構等に相手方の財産に関する情報を取得する制度が設けられました。

Q39 仮差押えなどの保全処分には、どの程度の時間と
費用がかかりますか。

A39 貸金や売掛金などの金銭請求権の回収
確保のための保全手続としては、相手
の財産を仮に差し押さえて処分を禁止
する仮差押えという手続を利用します。訴訟よりもかなり早
く数週間単位で決着をつけることができます。裁判所の定め
る担保の提供が必要で、弁護士費用は、訴訟手続より低い額
が多い感じでしょうか。

コメント

　仮差押えのスピード感としては、証拠がはっきりしていれ
ば、早ければ、申立ての準備に数日から2週間、申立てから決
定まで数日から1週間、決定の執行に数日から1週間といった
感じで進みます。仮差押えの執行前に対象財産が処分されてし
まうと意味がありませんので、大急ぎで準備しましょう。弁護
士としても、無事ゴールインできるかどうか、ドキドキしなが
ら別の予定を調整してでも時間を確保して頑張るときです。こ
の種の依頼があったときは、ホテルをとって徹夜で頑張れと先
輩から習いました。

　仮差押決定の際、裁判所が定める金額の供託等を要します。
その金額は、貸金債権や仮差押対象物件の評価額の何割かと

いった金額となることが多いです。その金額も、事前に想定して、早めに用意し、裁判所の指示があれば即刻供託所に駆け込む準備をします。

申立ての弁護士費用は、訴訟手続よりは少し低い額が多いと思います。弁護士の作業は、訴訟提起の作業と大部分が重複するので、訴訟とセットで依頼すると「セット割」で費用を割り引いてもらいやすいと思います。ただし、仮差押命令を執行した段階で、相手がびっくりして、すぐに全額を払ってきて一件落着することもありますので、仮差押えだけの依頼の場合（訴訟とセットではない場合）の費用についても、決めておく必要があります。

第**7**講

私的整理手続での回収

私的整理手続での回収について検討をします。昨今、法的な倒産手続（法的整理）が減少している一方で、私的整理手手続が活用されているという話をよく聞きます。金融債権者としては融資先企業が私的整理手続に入ることは、決してめずらしいことではないとして、そこでの合理的な回収方法や留意点について、押さえておくことは大切だと思います。

　他方、商取引債権者の場合には、相手先が私的整理に入ったということやその進捗について情報が得られにくい場合もあります。しかし、私的整理でどのように手続が進むのか、どのようなリスクがあるのか、理解しておくことは大切です。

　取引先が私的整理に入ったときには、しっかり情報開示を受けて、それを丁寧に分析しつつ、粘り強く、かつ、あきらめずに合理性を追求して交渉して、よりよい回収を目指していくのがよいように思います。

Q40 私的整理とはどのようなものですか。

A40 私的整理は、経済的窮境にある企業が、法的整理によらずに、金融機関などの債権者と話合いをして、債務を整理する事業再生の手法として活用されています。

コメント

　企業が、業績の悪化などで、債務などが過剰になってしまい、いくら払っても返し切れないという状況になったとします（これを、「経済的窮境」などといいます）。そのような企業としては、何とかしてその債務を整理したいと考えます。本業自体が赤字で、黒字化する希望もないならば、事業を清算するしかないかもしれませんが、そうではない場合には、何とかして債務を軽くして、事業を続けたいと考えるわけです。中には、長年赤字なのに、事業を清算することを決断ができず、債務の整理をしようとする場合もあります。

　そのような場合に、法的整理を利用して債務を整理することも考えられます（この点は第8講で取り扱います）。しかし、近時は、法的整理を利用する前に、まず私的整理にチャレンジする事例が多くみられます。

　私的整理は、あくまで、企業と債権者との話合いで決まります。金融機関とだけ話合いをして、取引はこれまでどおり続け

る企業が一般的です。すなわち、一般取引先には何もいわずに取引をしながら、金融機関への債務の返済を止めて、金融機関とだけ返済方法や金額について協議をするのです。

その協議の方法としては、全く個別に企業と金融機関が協議するものや企業が任意にバンクミーティングを開いて協議をするという「純粋私的整理」と呼ばれるものもあります。もっとも、手続の透明性や信頼性を高めるべく、中小企業再生支援協議会、事業再生ADR、地域経済活性化支援機構といった中立の第三者機関が関与して私的整理がなされる例も相当数あります。

Q41 私的整理の申入れを受けた金融機関は、協力したほうがよいのでしょうか。

A41 私的整理の申入れを受けた金融機関は、必ず協力しなくてはならないというわけではなく、その合理性を検討する必要があります。融資先企業の申出が誠実であり、協力することにより、事業の継続が可能となり、金融機関の回収も可能となって、雇用も守られるなど、全体的に経済合理性が確保できると見込まれるならば、協力をしていくことが有益であると考えられます。他方、融資先企業の情報開示等に不誠実な点がみられたり、私的整理により経済合理性のある事業再生

や弁済がとうてい見込めなかったりするような場合には、協力をするかどうかについて慎重に検討することが考えられます。

コメント

　そもそも、金融機関が、私的整理に協力するメリットはどのような点にあるでしょうか。これは、融資先企業が、法的整理に入ってしまうよりも、私的整理で事業価値を維持すると高い弁済率を確保できたり、雇用を維持することができたりするなど、経済合理性が期待できるという点にあるように思います。法的整理に入ると、取引先が債務の支払を求めることとなり、倒産情報として広く伝わってしまい、信用不安が生じて事業が毀損されることが懸念されます。それに対して、私的整理は、そのような事態を避けて、内々に金融機関とだけで話合いができるので、事業価値の毀損が回避されるといわれています。そうすることにより、同じスポンサーを募るとしても、法的整理で毀損した事業に対する支援額よりも、私的整理の健全な事業に対する支援額のほうが高くなることが期待され、金融機関への弁済原資も法的整理よりも多く確保できることがありうるわけです。加えて、事業が円滑に継続されることにより、雇用が確保され、地域経済に与える打撃も最小限に抑えられるなどといったメリットもあります。また、法的整理になった場合と比較して、信用格付に対する影響も回避できる場合もあります。

　もっとも、以上は、融資先企業が誠実に情報開示等をして、

事業再生のためにきちんと協議できることが前提となります。そのため、融資先企業が、業績や資産の内容などをきちんと説明、開示してくれない場合や、とうてい事業再生の見込みがなく赤字の垂れ流しにより事態が一層悪化することが明らかな場合などは、私的整理に協力することには慎重であることが望ましいということになるでしょう（**Q45**参照）。

Q42 私的整理に関与する中で気を付けるべきことは何ですか。

A42　私的整理に関与する場合、まず、現状について的確に把握できる資料開示と説明を融資先企業から受けること、そして、今後の方針について、どのような方法で検討され、いつ頃提示されていくのか、その間の資金繰りには問題はないのか、手続が遅れる場合にはその合理的な理由があるのかなどを、継続的にウォッチしていく必要があります。

コメント

　私的整理に関与することになった場合には、まず、これまでに融資先企業から提出を受けていた資料を吟味しつつ、直近の決算報告書、税務申告書、試算表、資金繰表などの提出を受

け、事業の状況について説明を受けて、的確に現状を把握していく必要があります。把握された直近の状況は、従前提示されていた資料と比較して違和感はないか、具体性があるか、粉飾が疑われる状況にはないかなども検証する必要があるでしょう。その上で、事業内容の問題点をどのように考えているのか、その点をどのように改善しようとしているのか、デューデリジェンスなどで事業の内容を客観的に調査する予定があるか、事業をどのように再生することを考えているのか、スポンサーを募集する考えはあるのか、その募集方法はどうか、それらの方向性について企業側で検討に時間を要する場合には、いつ頃検討をして提示できるのかなどを聴取して把握していく必要があります。また、そのような提示がなされるまでには、数カ月程度の期間を要することが考えられますが、その間の資金繰りに問題はないか、途中で突如破綻するおそれはないかなども検討しておく必要があります。

　融資先企業から継続的に資料提供と説明を受けたり、バンクミーティングに参加したりするなどで、一定の期間をかけて徐々に情報を入手していくことになるでしょうから、常時経過についてウォッチしていく必要があります。その意味で、金融機関側としても、私的整理に関与していく場合には、一定のエネルギーを要する場合もあります。また、当初予定されていたスケジュールが延びることも、非常に多く生じます。そのような場合には、なぜ延期されたのか、その事情は何か、それに合理性はあるのか、その間の資金繰りに問題はないかという点も

フォローしていく必要があります。

Q43 私的整理は、一般的にどのように進行するのでしょうか。

A43 融資先企業が、デューデリジェンスを経て、合理的な事業計画案や弁済計画案を提示します。それに対して、全金融機関が同意をしたら、私的整理が成立することとなります。

コメント

　私的整理は、法的整理とは異なり、全金融機関の同意がない限り、成立しません。その点が、法的整理との大きな違いです。

　比較的典型的なケースでは、以下のように進行していきます。まず、融資先企業が業績の悪化などの事情で、金融機関への弁済が難しくなり、メインバンク等に相談が持ち込まれます。そして、そこで相談しながら、私的整理の進め方について検討が進められます。私的整理について、融資先企業に、税理士、公認会計士やコンサルティング会社がアドバイザーとしてついていることもよくみられます。弁護士がついているケース

は限られているようです。

　そして、融資先企業は、全金融機関に、債務の弁済を止めたいこと、今後専門家による業績内容、資産・負債内容等の調査（デューデリジェンス）を予定していること、その後事業再生のための計画を作成して提示したいことなどを申し入れていくこととなります。それらの説明や協議のために、金融機関と個別の協議がなされたり、バンクミーティングがなされたりすることもあります。こうした手続に、中立の第三者機関（**Q40参照**）が関与することもあります。

　その後、デューデリジェンスの結果が報告され、それに基づく事業再生の方法が説明されます。経営者は継続しつつ、コスト削減により、事業の黒字化を図る場合のほか、スポンサーを探して、事業再生を図るといった方法がよくあります。

　さらに、それらの事業計画案に基づく弁済方法の案（弁済計画案）が提示されます。金融機関からの債務の全額を、当初の約定より長期間をかけて弁済するという場合と、債務の一部をカットして減額した上で支払うという場合などがあります。

　金融機関としては、このような、弁済計画案について、法的整理をしたり、資産を切り売りしたりするよりも合理性が高いかなどを検討することとなります。中立の第三者機関が関与している場合には、この計画の経済合理性などについて、中立の立場から調査報告をしてもらえます。それらを踏まえて、全金融機関が弁済計画案に同意すれば、私的整理は成立することになります。

私的整理の事業計画案や弁済計画案については、
どのような点を検討すればよいでしょうか。

A44 計画の内容が、適切な資料開示に基づき正確なものであるか、弁済の見込みがあるか、法的整理などと比較してより弁済率が高いか（経済合理性）、経営責任は明確にされているか、スポンサーの選定手続は合理的か、などを検討していく必要があります。

　計画の内容を検討する上で、計画が、適切な会社の実体に基づき作成されているのかを検討する必要があります。その点を裏付けるのがデューデリジェンスであり、その内容に信憑性があるかを検討することになります。

　具体的には、事業計画案が、過去の実績やその他の状況の変化を踏まえて、合理的に実現可能と判断できるかどうかを検討する必要があるでしょう。また、弁済計画案の内容が、事業計画案を基礎として、実現可能かどうかを検討することとなります。もし、実現可能性の乏しい事業計画案、弁済計画案が作成されていれば、結局数年後に破綻するということになりかねません。そのようなことになると、現在よりも状況が悪化してしまうおそれがありますので、留意が必要です。

また、過去の経営責任について明確にされているかという点や、スポンサーが選定されている場合には、現経営陣に都合のよいスポンサーに偏ることなく、合理的に募集がなされているかなども、検討するとよいでしょう。

Q45　私的整理に反対したらどのようになりますか。

　A45　私的整理は、全金融機関の同意がないと成立しません。そのため、１機関でも反対をすることは、私的整理が成立しないことを意味します。その結果、その会社は法的整理に移行する場合もあります。そのため、私的整理に反対することは、大きな意味を持つことをご理解いただく必要はありますが、内容と状況によっては、反対をすることも視野に入れつつ、問題点の改善を求めて協議するといったことは考えられます。

コメント

　上記のとおり、私的整理は、法的整理と異なり、個別の話合いを基本としていますので、全金融機関の同意がないと成立しません。そのため、御行が反対を貫かれた場合には、私的整理が不成立になります。これが基本的なルールです。この点が法

的整理との大きな違いですが、金融機関としての交渉力を確保できる仕組みでもあるので、その立場を合理的に活用するとよいでしょう。

　ただし、私的整理への反対を表明した場合には、融資先企業がその理由を把握して、問題点をつかみ、その点を改善してさらに協議を申し入れてくることもあると思います。また、融資先企業としては、私的整理と並行して、「特定調停」と呼ばれる裁判所での話合いで、協議をまとめようとしてくることもあります。その意味で、反対表明をしたとしても、直ちに私的整理が不成立で終わってしまうのではなく、さらに協議が続くことも多いのです。

　では、どのような場合に、反対を検討するのがよいでしょうか。それは、まず融資先企業の情報開示や説明に誠実性が認められない場合が考えられます。融資先企業が、都合の悪いことを伏せたまま、時間稼ぎをしているような疑いが濃厚であれば、私的整理へ協力することができないことを申し入れて強く協議を求めることも考えられるでしょう。そのほか、私的整理の経済合理性がとうていなく、法的整理のほうが明らかに弁済率が高いと判断されるような場合にも、私的整理への協力を拒否することが考えられるでしょう。なお、そこまで状況が明確ではないとしても、私的整理をだらだらしている間に赤字が垂れ流しになって、弁済原資が食いつぶされてしまっているような場合には、将来の改善について合理的説明がなければ、私的整理への協力ができないと融資先企業へ警告することも必要か

もしれません。

Q46 融資先企業が私的整理をする場合、代表者の保証
債務はどのように処理されますか。

A46 代表者の保証については、経営者保証
ガイドラインというルールに基づいて、
整理をする事例が増えています。

> コメント

　融資先企業の代表者が、融資先企業の負債を連帯保証している場合は非常に多いです。そのため、代表者の保証債務をどのように処理するかを検討する必要が生じます。これについては、経営者保証に関するガイドラインというルールが設けられて、代表者が誠実に財産を開示することを前提として、保証債務を整理する協議をすることが定められています。その場合、代表者は、破産をするよりも、幾分多くの財産や、華美でない自宅を手元に残すことが許されるというインセンティブも設けられています。このインセンティブにより、融資先企業の代表者には、早期かつ誠実に融資先企業の事業再生を決断することが期待されているわけです。

第 **8** 講

法的整理手続での
回収

法的整理手続での回収について検討します。近時、法的整理の件数は減少傾向にありますが、今後増加するのではないかという観測もあります。また、この間、多数の重要な最高裁判例等が出され、法的整理における回収のルールが複雑化しています。法的整理になったら回収はできないとあきらめてしまう前に、適切に権利行使をして、法的整理を活用して回収する方法を考えていきましょう。

　　さらに、法定整理のルールや判例を知っておくことは、いろいろな場面で役立ちます。平時の取引に際しての回収リスクを判断するためにも、相手方が倒産した場合にどうなるかということを踏まえて検討することが必要です。また、平時での回収をした場合に、その後、相手先が倒産手続に入った場合に、平時での回収がどのように取り扱われるのかについても、知っておく必要があるでしょう。これらについて概観してみたいと思います。

Q47 法的整理とはどのようなものですか。

A47 法的整理は、債務超過や支払不能といった状況にある取引先が、裁判所の手続のもとで整理するものです。代表的なものとして、再生手続と破産手続があります。それらの相違点もありますが、共通点も多いので、共通点と相違点の観点から頭の整理をしていただくのがよいでしょう。

コメント

　再生手続は、資金繰りに窮するなどの状態になった会社などが、裁判所に駆け込んで、銀行借入れや買掛金など過去に発生した負債（債権者側からは、これを「再生債権」といいます）の支払を止めながら、業務をこれまでどおり続けていこうとする手続です。業務を続ける中で、スポンサーを付けたり、収益を上げていくなどして、再生債権に対して、何パーセントかといった弁済を目指していきます。再生債権は払わないのに、仕入れなどの取引を現金などで続けていきながら、事業を継続していくところが、破産と異なる大きな特徴です。また、再生手続では、通常、従来の社長が引き続き会社の経営をします。そして、その手続を代理人である弁護士がサポートし、裁判所から選任された中立の監督委員という別の弁護士がチェックするといった体制で進みます。そのため、基本的な連絡先は、従来

どおりの取引先の担当者かその代理人弁護士ということになります。

これに対して、破産手続は、従業員を解雇し、事業を止めて、その会社などが持っている財産をばらばらに叩き売っていく手続です。裁判所から選任される第三者である破産管財人が、その手続を主導します。主な連絡先も破産管財人になります。破産管財人は、叩き売って回収した資金をルールに従って分配していきます。破産管財人の報酬が最優先で、続いて税金や労働債権、その後に貸付金や売掛金（これらを「破産債権」といいます）という順番に配分されます。このため、貸付金や売掛金には全く配当が回らないケースもままあります。

再生手続であれ、破産手続であれ、取引先がそれらの手続に入ってしまうと、大部分の債権は取りっぱぐれとなってしまう点は、大変残念なのですが、以下でご説明するように、権利行使の方法や優先順位等、いろいろとルールがありますので、回収漏れのないように気を付けることも必要です。

Q48 取引先が再生手続の申立てをしました。どのように権利行使をしたらよいでしょうか。

A48

取引先が再生手続の申立てをした場合には、通常、その後数日で債権者説明会という会合が開かれます。そこで、概略の情報を取り急ぎ収集し、その後再生債権の届出をしたり、再生計画に対する決議に参加したりして、権利を行使していきます。スケジュール管理が破産手続よりも厳しいので、気を付けましょう。

コメント

　再生手続の申立てがなされると、その数日後に債権者説明会を開催することになっており、債権者にはその案内が届きます。そこに出席すれば、どのような経緯で再生手続の申立てになったのか、その時点での財産の概要、その後の進行予定などの説明を受けることができます。

　その後、大きな問題がなければ、まもなく開始決定という決定が出て、正式に再生手続が始まります。その際に、裁判所から債権者に、案内が届きます。所定の書式に従って、ご自身の債権を裁判所に届け出てくださいというものです。その届出の期限も2カ月先までなどと決まっており、それを過ぎると、届出が受け付けられなくなってしまうこともありますので、失念しないように気を付けましょう。

　また、並行して、取引先の再生手続が続いている中で、事業や財産の管理は正常になされているのか、資金繰りには問題はないのか、スポンサー募集の動向はどうか、途中で再生手続が

頓挫するようなおそれはないかなど目を光らせておくことも大切です。

Q49 取引先が破産手続の申立てをしました。どのように権利行使をしたらよいでしょうか。

A49 取引先に対する債権は破産債権として届け出ることを要する場合がありますので、裁判所からの破産手続開始の通知を見落とさないようにしましょう。また、その通知で、破産管財人の名前と連絡先が記載され、また、破産手続開始後３カ月後頃に、「債権者集会」と呼ばれる会合の案内があるのが通常です。手続の進捗や配当の見込みについて集会に出席して情報を収集したり、破産管財人に問い合わせたりして把握しておきましょう。

コメント

破産手続が開始すると裁判所は第三者の弁護士などを破産管財人として選任します。破産管財人は財産や資料を把握して、それらの調査をしたり、売却をしたりと手続を進めていきます。

破産手続が開始すると、すべての債権者に通知が送られま

す。そこには、破産管財人の連絡先や債権者集会の日程などが記載されていますので、その後の情報収集の手段として把握しておきましょう。ただし、債権者集会に出席しなくても、直ちに不利益があるわけではないので、債権者集会に出席せずに、破産管財人に電話をして進捗を聞いておくといった対応をする場合もあります。

　各地の裁判所の運用が異なりますが、破産手続が開始した場合には、すべての債権者に破産債権の届出をしてくださいとの案内が届く地方もあります。他方で、別の地方では、配当の見込みが立つまでは、債権者にわざわざ届出をしてもらうのは、手間をかけるだけなので省略するというところもあります。この場合には、その後破産手続が進んで、配当が可能な財産が確保された場合には、改めて裁判所から、債権の届出をお願いしますとの通知が届くようになっています。いずれにしても、債権の届出の案内を受けたら、期限内に漏れなく債権を届け出ておきましょう。破産手続の場合、再生手続ほどスケジュール管理は厳しくはないですが、期限に遅れてしまうと、配当をもらい損ねてしまう場合もあります。

　債権を届け出た後、破産管財人から、追加資料を提出してくださいとの照会がなされることも多いです。そのような場合には、できるだけ速やかに、追加資料を提出するのがよいでしょう。資料を提出しないと、破産管財人が債権を認めてくれず、その後の手続が面倒になる場合もあります。

　債権として確定すれば、あとは、配当の通知を受けて配当が

なされるのを待つこととなります。

Q50 債権について担保を持っていますが、担保権の行使は可能ですか。

A50 再生手続、破産手続ともに、担保を持っていれば、「別除権」と呼ばれて、権利行使ができるのが原則です。ただし、倒産直前に駆け込みで設定してもらった担保は、効果が否定される場合があります。また、再生手続では、取引先の事業の再生のために、担保権の行使が制約される制度もあります。

コメント

　担保としては、（根）抵当権、動産売買先取特権、譲渡担保、所有権留保などといったものがあります。そうした担保を持っていると、原則として優先的に回収をすることができ、そのことは、取引先が再生手続や破産手続に入っても、基本的には変わりません。ただし、担保について、きちんと対抗要件として登記や登録などを備えておくことが必要です。

　もっとも、取引先が倒産に瀕していることを知って、駆け込みで担保設定を受けたような場合には、抜け駆けはだめですよということで担保の効果が否定されてしまうことがあります。

これは「否認権」と呼ばれています。とはいえ、後から否認されてしまうかどうかを恐れて、担保設定を受けることにしり込みするよりも、担保設定を受けることができるときにはしっかり担保設定を受けておくことも1つの考え方でしょう。

　そのほか、再生手続では、せっかく取引先が事業を生き返らせるために頑張っているのだから、担保権者も協力してくださいね、という制度があります。具体的には、担保権の実行を一時止めるという裁判所の命令や、一定のお金を積んで担保を消してしまうという命令などが利用される場合があります。

Q51 取引先に対して債務があるのですが、相手方に対する債務との間で相殺できるでしょうか。

A51　再生手続でも破産手続でも、取引先に対して債務がある場合には、御社の債権との間で差し引き相殺をすることができるのが原則です。ただし、倒産直前に駆け込みで債権債務の対立を作ったような場合には、例外的に、相殺が否定される場合があります。また、再生手続の場合には、相殺をすることができる期限が限られているので、相殺忘れをしないように要注意です。

コメント

　取引先に対して債権と債務が対立している場合、差し引き相殺をすることができます。このことは、その後、取引先が再生手続や破産手続に入っても、基本的には変わりません。債権債務の対立があるということは、いつでも差し引き相殺をすることができるということで安心されていると思います（これは、「合理的相殺期待」などといいます）。このような安心感は、担保の場合と同様に、取引先が再生手続や破産手続に入っても、守られるということになります。

　ただし、いくつか例外があります。これも担保の際の話と似たようなところがありますが、取引先の倒産直前になって、無理矢理、債権債務の対立を作り上げた場合は、相殺が無効になってしまう場合があります。直前の抜け駆けは許しませんというルールが、再生手続、破産手続ともにあるのです。

　また、再生手続の場合、**Q48**で説明をした債権届出をすることができる期間内だけしか、相殺ができないという、スケジュール上の制約があります。いつでも相殺ができると思って安心しているうちに、相殺忘れで期限が切れてしまって、相殺のチャンスを失うという大失敗の事例もあります。先ほどご説明したとおり、再生手続の場合は、破産手続よりもスケジュールがいろいろ厳しいので、要注意です。

Q52

債権届出をした後、保証人などから一部回収をしたのですが、届出した債権を減額する必要がありますか。

A52 再生手続、破産手続ともに、少しへんてこなルールがあります。取引先の社長などが保証人になっている場合に、取引先が再生手続や破産手続に入った後に、保証人が御社に一部支払をしてくれることがあると思います。その場合にも、御社の再生債権や破産債権は減額せずに、全額で届け出ていいですよということになっています。

コメント

　常識的に考えると、このように一部支払を受けたら、御社の取引先に対する債権がその分減少することになりそうです。正直な方ならば、保証人である社長が一部支払ってくれたので、そのことをきちんと申告して、取引先に対する債権届出の額を減らさなければならないと考えるでしょう。ところが、再生手続、破産手続のルールはそうではないのです。これは、妙な言葉ですが、「現存額主義」と呼ばれています。

　さらに、最近、このルールの細かな適用について、いくつものとても重要な最高裁判決（最三小決平29. 9 .12民集71巻 7 号1073頁・金法2083号64頁など）が出ています。再生債権や破産

債権の届出をする際には、これらの判例にも目配りしながら、正直者が馬鹿をみるようなことのないように、きっちり、目いっぱいの債権を届け出るようにしましょう。

Q53
取引先に対して再生手続や破産手続の申立てをかけることはできますか。回収方法として有効ですか。

A53　取引先が資金繰りに詰まっていたり、「債務超過」と呼ばれる状態にある場合には、御社のほうから再生手続や破産手続の申立てをして、それらの手続に追い込むことも可能です。ただし、そのような申立てをする場合には、弁護士費用のほか裁判所へ納める費用もかなり高額になることがあります。また、御社の債権は再生債権、破産債権として回収が難しくなる可能性があります。取引先が重大な違法行為をしていたり、財産隠匿の濃厚な疑いがあるなどかなり悪質な場合に最後の手段として利用することが考えられましょう。なお、破産手続などの申立てをして、取引先を脅して、支払をさせようとすることは、申立ての濫用になってしまうおそれがあります。

　再生手続や破産手続は、取引先自ら裁判所に持ち込むことで
始まるケースが大半です。取引先が、「我が社は支払ができな
いので助けてください」と裁判所に駆け込むわけです。これに
対して、債権者である御社の側から、取引先に対して、「再生
手続や破産手続を適用してください」と裁判所に持ち込むこと
も可能です。ただし、これは、上記のようなレアケースで使わ
れる方法です。取引先についてかなり悪質な問題があるなどし
て、裁判所の管理下で、公明正大に調査、清算してもらいたい
という場合に、取引先に対して、破産手続の申立てをすること
があります。また、そのような状況に加えて、取引先の事業を
生かしながら処理するほうが適切な場合には、債権者として取
引先の再生手続の申立てをすることがあります。

　もっとも、これらの場合、裁判所に持ち込む御社は裁判所に
「手続に必要な費用を預けてください」といわれます。取引先
の規模にもよりますが、その額は、数百万円以上となることは
めずらしくありません。その上、裁判所に持ち込む手続を弁護
士に依頼するとその費用まで発生します。御社の債権が回収で
きない上に、盗人に追い銭のように費用をつぎ込むことになり
ますので、やはりよほどの必要性がある場合に限られましょ
う。

　ところで、取引先に圧力をかけるために、破産手続などの申
立てをかけて、「破産がいやなら当社に支払をしなさい」と要

求するようなケースもあるようです。しかし、このような申立ては、濫用だから許されないということになっています。

　債権者から破産手続などの申立てをすることは、破壊力はありますが、それほど使い勝手のよくないバズーカ砲であるということになりそうです。

第**9**講

連絡が取れない先・
資産のない先等
からの回収

法律の想定どおりに回収が進まない場合の対応について考えます。これまで検討してきたとおり、回収のためには、保全処分、訴訟手続、執行手続、さらには私的整理や法的整理など、いろいろなシステムが用意されています。しかし、それらのシステムでもうまく回収することが難しいことは、実際にはよくあります。例えば、相手先と連絡が取れなくなってしまった場合や、相手先の財産を差し押さえようとしても、全く財産が見当たらない場合など、どうしたものか困ってしまいます。さらには、例えば担保財産を勝手に転売するなど、相手先との間の約定に対して重大な違反行為が見付かるといったこともあります。このように、ルールどおりには事が進まないのが、回収の実務でもあり、それらの場合の作戦についても、考えてみたいと思います。

Q54 相手先と連絡が取れなくなってしまいました。どうしたらよいでしょうか。

A54 相手先の連絡先を調べる方法として、いくつかの方法がありますので、それらを地道にこなして粘り強く取り組むことが重要です。相手先に郵便が届かない場合にも、一定の方法で訴訟提起をすることは可能ですので、それらの方法を試みることも考えられます。

> **コメント**

　相手先が延滞に陥った後には、相手先と頻繁に連絡を取って、収支の状況、返済の見込み等について、状況の把握に努めることとなるでしょう。ところが、そのようなさなかに、相手先が連絡を絶ってしまうこともあります。そのようなことになると、回収業務を行う上で大変困ってしまいます。

　しかし、そのような場合こそ、粘り強く、あきらめずに、回収行為に取り組むことが重要な場面ともいえるでしょう。

　まず、相手先が電話に出ない、または、電話が料金の滞納等でつながらなくなったような場合について考えてみましょう。そのような場合には、あらかじめ、会社登記を確認して、役員の変更や住所の移転など妙な動きがないか、ウェブサイトで事業の様子に変わりはないかを確認した上で、速やかに相手先の

事務所等に行って状況を確認しましょう。そして、その際、看板は上がっているか、電気はついているか、車や従業員の出入りはあるか、など確認しましょう。

ときに、突如、妙な第三者が会社を乗っ取ったり、事業を停止する準備をしているような場合もありますので、そのような兆しがないかを早期にチェックしましょう。相手先の代表者や従業員などに会うことができれば、事業はどのようになっているのか、今後の支払の予定はどうか、なぜ連絡が取れないのかなどを問いただしましょう。

さらに、郵便が届かないような場合には、会社登記から判明する代表者が連帯保証人であれば、その自宅について住民票を取ってみることも考えられます。

Q55 相手先について破産申立てをする旨の弁護士の受任通知が届きましたが、その後一向に進みません。どうしたらよいでしょうか。

A55 弁護士が、破産申立てなどを受任した旨を債権者に通知しておきながら、その後、遅々として申立てが進まないというケースは、残念ながら、頻繁に目にします。そのようなことが起こりうることをあらかじめ想定して、債権者とし

て、適切に対処して、債権回収の機会を逸しないようにしましょう。

　弁護士が破産手続等の申立てを受任した旨を債権者に通知する際には、誠実に申立ての準備に取り組んで、できるだけ速やかに申立てをし、その間の財産の保全に努めますというスタンスで臨むことが期待されます。ところが、受任通知が届いたが、その後、一向に申立てが進まない、経過報告もないというケースは後を絶ちません。依頼者である債務者が、急ぎで弁護士に破産申立てを依頼して受任通知の発送を求めたものの、その後、破産申立てのための必要資料や費用の準備が進まず、弁護士も困ってしまうという事態に陥っていることもあります。

　債権者としては、弁護士からの受任通知があれば、その後の申立ての準備の状況、財産保全の状況、申立予定の時期などについて、速やかに問い合わせをして、把握しておくことが望ましいです。そして、その申立予定の時期が遅れた場合には、その事情、その段階での進捗状況と残存業務、新たな申立予定時期などを問い合わせて継続的にフォローしましょう。

　さらには、その経過の中で、誠実に破産申立ての準備が進められていることについて重大な疑問があれば、債権者としても法的措置を含めた手続を検討していく必要があります。受任通知は、あくまで、破産申立ての受任をして準備を進めることを債権者にお知らせしているものにすぎず、債権者が法的措置を

取ることを制限する法的効力はありません。債権者としては、相手先の財産を仮差押えするなどの保全処分の申立てをしたり、訴訟提起をして判決を得て、財産を差し押さえるなどといった権利行使をしていくことが考えられます。これらの法的措置のメニューについては、第6講でご説明したとおりです。

とくに留意するべきは、受任通知がなされた後にも、相手先が財産を隠匿したり費消したりしている気配はないかという点です。本来、受任通知を送った弁護士は、そのような事態の生じることのないように財産保全の措置を取ることが期待されます。それを怠った場合には、弁護士自身が賠償責任を問われるケースもまれにあります。ところが実際には、財産保全の措置が取られずほったらかしにされており、相手先が財産の隠匿、費消を続けている場合もないわけではありません。その後、遅れてでも破産手続が開始した場合には、破産管財人がその経過を調査することもありますが、その段階では手遅れということもあります。そのようなことにならないように、受任通知後の財産保全がなされているかについては、目を光らせておくことも怠ってはいけない点です。

さらに、見落としがちなのが、相手先の会社について受任通知が届いたが、連帯保証人である代表者個人については受任通知がなされていないこともよくあります。債権者からみると相手先の法人について受任されておれば、連帯保証人も同じと早合点してしまいがちですが、それは誤りです。そのような場合には、連帯保証人については、受任予定、申立予定はあるの

か、財産保全は確保されているかについて、相手先会社の弁護士に問い合わせをして、その対応に疑問があれば、早急に法的措置を行うことも検討しましょう。

Q56 相手先に対して貸金の返還を命ずる判決を得ましたが、差し押さえる財産が見当たりません。どうしたらよいでしょうか。

A56 手間暇をかけて判決までたどり着いたものの、差し押さえる財産が見当たらないことは、よくあります。あまり手段は多くはないのですが、預金調査、財産開示などを含めて、取りうる手段を継続的に尽くしていきましょう。

コメント

　判決を得ることで、財産の差押えなどの強制執行をすることができる切符を手に入れることができますが、強制執行は、あくまで相手に財産がなければ、空振りになってしまいます。そのため、相手先の財産を調査する必要があります。

　最近よく利用される方法は、弁護士に弁護士法23条の2の照会という方法で、金融機関に預金のある支店等を調査してもらうことです。大手の金融機関などを中心に、判決を得た状態で

この23条の2の照会をすれば、預金の有無等を回答してもらえるという実務が定着しています。これで預金のある金融機関がわかれば、間髪容れずに預金の差押えをすることになります。そのほか、取引の段階で受領した決算報告書に記載された金融機関や、これまで相手先の支払元であった金融機関、さらには、相手先の事務所近辺に支店のある金融機関の預金口座を、いわばあてずっぽうで差し押さえてみることもあります。

　以上のほか、財産開示の申立てという手続で、裁判所から相手方に対して、財産目録を提出するよう命じてもらう手続もありますが、時間がかかる割には、結局相手方が財産目録の提出を拒否してしまい、そのペナルティーも軽いということで、あまり使い勝手がよくはありませんでしたが、より使いやすくするための改正がなされました。具体的には、従来実効性が乏しいといわれていた財産開示手続について、実効性の確保のため、相手方が財産開示をしない場合のペナルティーが加重されるなどしました。また、裁判所の命令により、金融機関、登記所、市町村および年金機構等に相手方の財産に関する情報を取得する制度が設けられました。

　さらに、相手先が財産隠匿等、かなり悪質な行為をしている疑いが濃厚で、コストをかけてでも、徹底的に調査して解明することが必要な場合などは、債権者として相手先に対して破産手続の申立てをする方法もあります。これについては、**Q53**でご説明したところです。さらには、判決を得れば、時効は10年に延長されますので、財産が出てくるまでゆっくり構えて、機

をみるという作戦もあります。

Q57

相手先は、不動産を持っていますが、担保が設定されており、現時点ではオーバーローンのようです。回収をすることはできないでしょうか。

A57

その不動産を仮差押えしておき、何年か待って、担保付債権の弁済が進んで余剰価値が出るのを待ってから、強制競売の申立てをすることも考えられます。

コメント

　オーバーローンの不動産について、今すぐ判決に基づく強制競売を申し立てると、裁判所から、競売をして物件を売却しても、「あなたには配当が回りませんよ」という通知（無剰余の通知）がなされて、競売が取り消されるといったことになってしまいます。そのため、すぐに強制競売を申し立てても、費用がむだになるだけになってしまうおそれがあります。そこで、担保付債権の弁済が進むのを待つことが考えられるのですが、何年か待って余剰が出た頃に、さらに担保設定などがなされてしまうと、また余剰がなくなってしまいます。

　そこで、そのような新たな担保設定がなされることに対処す

るために、今のうちに、その物件について仮差押えをしておく方法があります。そうすることによって、仮差押え以降になされた担保設定や物件処分の影響を受けずに、将来判決に基づく強制競売ができるということを目指すのです。

ただし、判決を先に得てしまうとその後に仮差押えは認められないのではないかという問題が生じるので留意を要します。

Q58

相手先が勝手に担保財産である建設機械を売却してしまっていたことが判明しました。どうしたらよいでしょうか。

A58

担保物件が誰に、どのような金額と経緯で売却されたのか、調査、ヒアリングをして、相手先に対して、約定違反に基づく法的措置を取りつつ、場合によっては、購入した相手先に対する法的措置も検討が必要です。

コメント

例えば、相手先の建設機械を譲渡担保に取っていたのに、それを勝手に第三者に処分されてしまっていたことがあとになって発覚したというケースは、実はめずらしくありません。建設機械のリースや、割賦販売などの場合にも、同様な問題が生じ

る場合があります。

　このような場合にも、相手先からの支払が継続している限り、問題は表面化しないこともあります。やがて、相手先の支払が止まって、いざ担保実行をしようとしたところ、対象の機械については、相当以前に、第三者に売却されており、第三者が権利を主張しているということがわかるということがあります。

　そのような場合には、まず、事実関係の把握に努めましょう。相手先からヒアリングをしたり、資料提供を受けるなどして、いつ、どのような経緯で、誰に対して、機械を売却したのか。代金の額はいくらで、どのようにして受け取ったのか。売却先は同業者か、ブローカーか、債権者か。機械には、御社の担保である旨のプレートなどの表示はあったのか。相手先はその機械についての権利関係を調査した上で買ったのか。建設機械であれば、譲渡証明書等の権利関係を示す書類は誰が保有しているかといった点などです。相手先からの聴取を踏まえて、購入者に対しても、同様な事実関係を照会するのがよいでしょう。

　その上で、相手先に対しては、約定違反に基づき期限の利益喪失として、一括返済を求め、また、相手先の代表者など、機械を約定に反して売却した方には、個人としての責任追及をすることも考えられます。

　さらに、機械の購入者に対しては、その機械についての担保権を主張して、機械を返還するよう求めることが考えられま

す。

　この場合に、購入者は、適切に調査をして、落ち度なく相手先を所有者だと信じて機械を買い取っていた場合には、相手先が機械の所有権を取得できるという制度（即時取得）の適用を主張してくることが想定されるため、先ほどの調査で、相手先がどの程度正当に権利関係を調査して購入したのかを検討する必要があるのです。相手先がまともに調査をせずに機械を買い取ったことが証明できる場合には、機械の返還ばかりではなく、相手先に対して、損害賠償責任を追及できる場合もあります。

Q59 相手先が取引に際して提出した決算報告書に粉飾があることがわかりました。どうしたらよいでしょうか。

A59 粉飾の有無と内容について、具体的に調査をし、重大な疑いかあれば、相手先およびその関係者に対して責任追及をすることが考えられます。

コメント

粉飾といっても、程度はいろいろあり、広く捉えると、多く

の中小企業の決算には多少の問題がありえます。

　しかし、その程度を超えて、多額の架空売上や架空在庫を計上して、赤字を黒字にみせかけて、御社をだまして融資や取引に至ったという場合には、深刻な問題です。そのような粉飾が疑われる事情がどのような点にあるのかを把握し、必要に応じて、相手先に対して説明を求めて、正確な事実関係を把握しましょう。悪質な場合には、取引先ごとに異なる決算報告書を提出しているようなケースもあります。そのような場合には、相手先から調査をして、期限の利益喪失による一括返済の請求や、不法行為責任の追及などの法的措置も検討を要します。訴訟提起や保全処分などを利用して、直ちに法的な回収を考えましょう。このような場合は、他社との回収競争になることがあるので、迅速な対応が必要です。

　さらには、それに関与した役員個人等の責任追及も検討を要しますが、これについての詳細は、第10講で取り上げたいと思います。

役員に対する粉飾決算・違法行為等の責任追及

最終講では、役員に対する粉飾決算、違法行為等の責任追及について考えます。例えば、貸付先や取引先が、融資を受けたり取引を行ったりする際に、御社に粉飾された決算報告書類を提出していた場合や、担保財産を違法に処分したなど、重大な違法行為が発覚したとします。その段階で、貸付先、取引先に対して、返済や支払を求めても、回収することが難しい場合があります。その場合、相手先の代表者などの連帯保証を得ているならば、保証人に返済や支払を求めることも考えられますが、保証人も資力がないかもしれません。

そのような場合に、さらに、保証をしていない役員などに対して、損害賠償請求などをすることを検討すべき場合があります。会社法によって、取締役は、自ら違法行為をしたり、他の取締役の違法行為のチェックを怠ったり場合には、損害賠償責任を負う場合があるのです。それらについて、考えてみましょう。

Q60 会社の役員には、会社の借入金や買掛金の支払責任はないのでしょうか。

A60 会社の役員であるとしても、直ちに、会社の借入金や買掛金の支払責任はありません。会社の役員に支払責任を負ってもらう方法として、連帯保証があります。

コメント

　会社の役員というのは、取締役や監査役などです。取締役や監査役は、会社の業務や会計について、会社法に基づいて一定の義務を負っています。しかし、会社の借入金や買掛金について、直ちに支払責任を負っているわけではありません。この点は、基本ルールとして押さえておく必要があります。

　そのため、相手先の借入金や買掛金などの債務について、その代表取締役などに連帯保証をしてもらうことが、よくあります。そうすることにより、借入金や買掛金の支払について、責任を負ってもらい、相手先からの回収が困難となった場合に備えることができます。なお、連帯保証は、書面によってなされなければならないほか、最近はルールが厳しくなりつつあります。保証については、第5講で解説していますので、そちらもご参照ください。

Q61 連帯保証人である取締役からの回収はどのようにすればよいでしょうか。

A61　連帯保証人である取締役は、会社の債務について、いわば、会社と同じような支払責任を負うという立場にあります。そのため、御社としては、相手先に借入金の返済や買掛金の支払を求めるのと同じように、連帯保証人に対して返済や支払を求めることができます。

コメント

　通常は、相手先からの回収が困難な場合に、連帯保証人に請求することが多いと思います。しかし、法律上は、相手先からの回収が困難であるということは、連帯保証人からの回収の要件ではありませんので、相手先からの回収に不安があるような場合には、早めに連帯保証人に請求をしたり、その財産状況を把握しておいたりすることが有益な場合もあります。相手先からの回収に時間をかけているうちに、連帯保証人の資産も散逸してしまって、連帯保証人からの回収も難しくなってしまう場合もよくありますので、気を付けましょう。

　また、相手先について破産手続の申立てがなされるとともに、連帯保証人についても破産手続の申立てがなされることも、よくありますので、そのようにならないうちに、早期に回

収を進めることを心掛けましょう。

Q62

連帯保証人ではない取締役に対して責任追及をすることができるのは、どのような場合でしょうか。

A62 連帯保証人ではない取締役は、Q60のとおり、会社の借入金や買掛金について、直ちには支払責任を負いません。しかし、取締役が、会社法で定められている重要な義務に違反をしているような場合（これを「任務懈怠」といいます）には、それによって御社が受けた損害を賠償するように求めることができる場合があります。

コメント

　取締役は、会社法で定めるところにより、代表取締役など他の取締役が、法律に違反した行為などをしないように、また、決算を適切にするようにということをチェックする義務を負っています（同法330条、民法644条）。ところが、一部の取締役が、自ら積極的にこれに反して違法行為をする事例がみられます。

　例えば、相手先が、在庫や売上金を大幅に水増しして粉飾した決算報告書を示して、御社に借入れや取引を申し入れるとい

うことがあったとします。御社は粉飾された決算報告書を信用して、相手先は業績や資産の内容がよいので、回収について心配ないと、いわばだまされて取引をしてしまったとします。ところが、その後、相手先が早々に倒産をして回収不能となり、実は、在庫や売上内容は虚偽で、業績や資産の内容はとても悪かったことが判明することがあります。そのような実態を把握していれば、御社は取引などしなかったとお怒りになることでしょう。このような場合には、そのような粉飾された決算報告書の作成や提示に関与した取締役が、御社に対して、不法行為責任や会社法上の任務懈怠責任として、損害賠償責任を負うことがあります（会社法429条）。御社が賠償請求することができる損害は、粉飾決算によりだまされたことによって受けた損害ということになります。

　また、御社が相手先の資産に担保設定をしていたのに、その後、担保物件が勝手に処分されてしまったとします。御社は、担保を失うことにより損害を受けることが考えられます。相手先が御社の担保を勝手に処分する行為は、御社との約定などに反する違法行為である場合があり、取締役などがそのような違法行為に関与していれば、同じように、その取締役に対して、損害賠償責任を追及することが考えられます。

Q63 直接の違法行為をしていない取締役に対しては、責任追及をすることはできないのでしょうか。

A63

連帯保証をしていない取締役の責任を追及する典型的な場面の１つとして、**Q62**のとおり、取締役自身が直接の違法行為を行った場合がありますが、それに限定されるものではありません。取締役が、他の取締役の違法行為をチェックすることを怠った場合にも、責任を追及することができ、取締役は損害賠償責任を負う場合があります。

> コメント

Q62のとおり取締役は、自ら違法行為を行ってはならないことは当然ですが、そればかりではなく、会社法上、他の取締役の違法行為をチェックする義務を負っています。もし、他の取締役が違法行為を行っていることを把握した場合には、直ちに、それを防止したり是正措置を取ったりするといった対応が求められます。また、他の取締役が違法行為を行うことを防止するようなシステムを構築したり、違法行為を防止するべく調査したりする義務も一定範囲で負っています。それに違反した場合にも、取締役は損害賠償責任を負うこととなります。

例えば、代表取締役が、会社の資金を違法に個人的に流用していたとします。他の取締役は、早期にそのような兆候や事実

関係を把握して、そのような事態を防止する必要があります。代表取締役が、粉飾した決算報告書を作っていたとすれば、それを是正することも求められます。

日本の中小企業によくみられる状態として、オーナー社長のワンマン会社で、社長以外の取締役は、名ばかり取締役として、違法行為に対して何のチェックもしていないということがあります。このような会社で、オーナー社長の違法行為が放置されていることは、めずらしくありません。しかし、そのような会社の取締役も、会社法上のきちんとした取締役である以上、原則として、オーナー社長の違法行為を黙認してもよいということにはなりません。仮に、放置していたような場合には、取締役としての、上記のような違法行為防止のための調査をしたり是正措置を取る義務を怠ったものとして、会社法に基づき、損害賠償責任を負うことがあるのです。

御社としては、相手先に加えて、連帯保証人となってもらったオーナー社長がともに倒産して回収を断念しそうになったときに、違法行為を放置した取締役に責任追及をすることができないか、検討してみることが考えられます。

Q64 連帯保証人ではない監査役に対して責任追及をすることができるのは、どのような場合でしょうか。

$$A64$$ 監査役は、取締役と比較すると、会社法上義務の範囲が限定されていますが、やはり取締役の違法行為を一定範囲で調査したり、防止したりする義務を負っています。監査役がそのような重要な義務に違反していたといえる場合には、損害賠償責任を追及することができる可能性があります。

コメント

　監査役は、会社法上、取締役の違法行為をチェックしたり、決算内容を確認したりするなど、取締役と一部類似する義務を負っています（同法330条、民法644条）。ただし、取締役が、会社の業務全般に関与するのに対して、監査役は、少し離れた立場から限られた範囲でチェックするという感じになっているので、取締役と比べると、上記のような義務の違反となる場合は、かなり限られます。裁判例でも、監査役の損害賠償責任が認められる例は、多くはありません。

　しかし、例えば、相手先の代表取締役が、違法な資金流出、重大な粉飾決算などを繰り返しているような場合に、監査役がこれを放置して、調査や防止措置を怠ったような場合には、それによって御社に生じた損害について、損害賠償責任を負う場合があります。Q63で触れた、名ばかり取締役が多い実情というのは、監査役にも当てはまり、日本の中小企業では、監査役は粉飾決算などをきちんと調査をせずに放置していることもめずらしくはないようです。そのため、相手先やその連帯保証人

からの回収が困難である場合で、もし、上記のような代表取締役の重大な違法行為があり、監査役がその調査や防止措置を怠っていたとすれば、監査役に対して、損害賠償責任を追及することも検討してみる余地があります。

Q65 連帯保証人ではない取締役や監査役に対して責任追及をする方法は、どのようなものでしょうか。どのような証拠が必要となりますか。

A65 連帯保証人ではない取締役や監査役に対して責任追及をするためには、その違法行為を明らかにするとともに、他の取締役や監査役が、その違法行為についての調査や防止措置を怠ったことを明らかにする必要がありますので、それらを基礎付ける証拠の確保が求められます。

コメント

連帯保証人に対して、保証債務の支払を求める場合には、御社の手元にある連帯保証の約定書面等が重要な証拠となりますので、証拠の確保は難しくありません。それに対して、連帯保証人ではない取締役や監査役の責任追及をする場合には、そのような、御社の手元資料だけではなく、相手先の資料を入手し

たり、証言を取り付けたりすることが求められますので、証拠集めはかなりの作業が必要です。

　まず、取締役や監査役の違法行為の内容を明らかにし、その証拠を確保することが必要です。例えば、粉飾決算の疑いがあれば、当該会社の真実の決算内容を把握して、それと比較検討することにより、粉飾決算の事実や内容、重大性を明らかにすることが考えられます。相手先について、破産手続が開始した場合には、破産管財人の調査によりその点が明らかにされる場合もあります。また、競合他社に提出された決算報告書を入手して比較検討することが可能であれば、それも有益でしょう。そのほか、相手先に直接ヒアリングをかけて、説明と資料開示を求めて、実態を把握できる場合もあります。違法行為が把握できた場合には、それにどの取締役や監査役が関与していたのかについても、把握に努めることとなります。

　次に、仮に、上記のように違法行為の内容と関与者が把握できた場合には、それを踏まえて、さらに他の取締役や監査役の責任追及ができないかを検討することとなります。他の取締役や監査役は、そのような違法行為を（うすうす）知っていたのか、代表取締役が勝手にしていて知らなかったのか、知らなかったとしても、把握することや防止することはできなかったのかを調査することとなります。まずは、外形的な経過からみて、例えば、粉飾された決算報告書により借り入れたり取引をしたりすることにより得られた資金が、その後の時期の決算報告書に計上されていなければ、取締役や監査役としては疑問を

持ちえたのではないか、などと検討していくこととなります。さらには、取締役や監査役に対して、違法行為を防止する措置を取ったか等について、具体的に説明を求めることも考えられます。

　これらの調査は、相手先の情報を対象とするものであるため、容易ではありません。あまりに情報が乏しく断念せざるをえない場合もあります。他方で、相手先も誠実に説明に協力するならば、調査が進む場合もあります。さらに、ある程度の概要を確認できたならば、相手方の協力が得られない場合にも、訴訟提起をして、訴訟の中で事案の解明に努めることもあります。このような訴訟は、相応に難しい訴訟であり、時間もかかりますが、ある程度の立証をすれば、訴訟の相手方である取締役や監査役に対して、裁判所が説明や資料開示を求めてくれることもありますので、訴訟の中での事案解明も期待できる場合があります。

Q66 取締役や監査役からの回収の可能性はどの程度あるのでしょうか。

A66 取締役や監査役の資力はいろいろですが、役員賠償責任保険に加入している場合もありますし、弁護士や公認会計士が

社外取締役となっているような場合もありますので、一定の回収の可能性はあります。

コメント

　相手先やその代表取締役が弁済能力を失っている状態ですと、取締役や監査役ら個人からの回収が難しい場合も考えられます。しかし、上記のとおり、保険により損害賠償責任が塡補される場合や、取締役や監査役が弁護士等の専門家であり資力を持っている場合もありますので、回収可能性が期待できる場合も少なくありません。

　相手先やその連帯保証人からの回収は、他の債権者も考えるため、早い者勝ちになってしまうため、回収が難しいことが起こります。それに対して、取締役や監査役に対する責任追及までを考える会社は必ずしも多くはないようです。そのため、調査や訴訟提起を適切に進めるならば、他の債権者との弁済原資の取り合いになることなく、回収を図ることができる場合もあります。そのため、違法行為が著しいような事案では、取締役や監査役に対する責任追及は検討する価値が十分にあると思います。

　もっとも、実際には、責任追及の裁判は、**Q65**のとおり、資料収集等も相応に難しい上に、取締役や監査役側も熾烈に争うことがあり、場合によっては、一部の回収をする内容の和解を考えることも現実的かもしれません。

木村がホンネで語る最新回収実務の肝

2019年12月25日　第1刷発行

著　者　木　村　真　也
発行者　加　藤　一　浩

〒160-8520　東京都新宿区南元町19
発　行　所　一般社団法人 金融財政事情研究会
企画・制作・販売　株式会社 き ん ざ い
編　集　部　TEL 03(3355)1721　FAX 03(3355)3763
販売受付　TEL 03(3358)2891　FAX 03(3358)0037
URL https://www.kinzai.jp/

校正：株式会社友人社／印刷：三松堂株式会社

ISBN978-4-322-13523-7